井口ビジョン

井口資仁

KADOKAWA

はじめに

皆さんは「ビジョン」という言葉を聞いた時、何を思い浮かべるでしょうか。

近年、ビジネスの世界でよく使われる「ビジョン（Ｖｉｓｉｏｎ）」という言葉。この英単語が持つ本来の意味は「視覚・洞察力・展望」など「見る」という動作に関わるものです。ここから転じて、ビジネスの世界では「企業がどんな未来を実現させたいか」、つまり「企業が目指す行き先やゴール」を指しています。企業の根幹をなす考えや価値観を「企業理念」と呼びますが、「ビジョン」は企業の「今」に合わせて企業理念を具体的な目標に落とし込み、目指す未来像を明確な形にしたもの。目指すべきゴールをしっかりと示すことで、社員のやるべきことがはっきりと見え、またどうしてやるべきなのかという意義も明らかになるため、社員同士で思いを共有し、モチベーション高く取り組める効果も期待されています。

僕が「ビジョン」という言葉をよく使うようになったのは、千葉ロッテマリーンズの監督になってから3年目の2020年。オーナー代行と球団社長を兼任していた河合克美《かわいかつみ》さんの陣頭指揮で、球団の理念をまとめた「BRAND　BOOK」の制作が話し合われた頃でした。

2020年は新型コロナウイルス感染症の世界的拡大という未曾有《みぞう》の出来事により、誰もが不安を抱えながら毎日を過ごしていました。緊急事態宣言が発出され、外出する自由さえ奪われた時、当たり前だと思っていた日常が実はとても尊いものだったと気付かされた人も多かったのではないでしょうか。家族以外の人と対面で会うことはできず、実感の湧かない画面越しのコミュニケーションの連続。オンライン会議という便利なツールは定着したものの、人と人との関係がどんどん希薄になっていくのを感じていました。

そんな時、ロッテでは「BRAND　BOOK」を作り、ユニホーム組もオフィス組も一体になって、一つの球団として目指す方向性を打ち出したのです。ビジネス界の第一線で活躍された河合さんが「このままでは球団がバラバラになってしまう」という危機感を覚えたからこその発案だったのかもしれません。

社内公募を受けて立候補してくれた6人の社員たちがオンライン会議を重ねながら練り上げたのが、「千葉ロッテマリーンズ 理念」です。その文言の中には、ユニホーム組とオフィス組の違いなく、「優勝」を掴《つか》むための誓い、そして球団の一員でいられることの誇りが溢《あふ》れていました。本書の中でも紹介する「Vision 2025」はその一節です。

ビジネスにおける「ビジョン」の意味を聞いた時、僕の耳には違和感なくスッとなじんだことを覚えています。振り返ってみると、僕は「ビジョン」という言葉こそまだ使っていませんでしたが、子供の頃から自分の目指すべき未来像をしっかりと決め、そこに至るまでの過程を逆算し、今取り組むべきことを明らかにするという作業を繰り返してきていました。

「プロ野球選手になる」という未来の目標を一足飛びに叶《かな》えようとはせず、しっかりと足元を固めながら積み上げていく。派手さはなくとも、子供たちのために堅実な毎日を作ってくれた両親の姿に学んだのだと思います。

僕は常に、自分が目指す未来像を掲げるだけではなく、そこに至る過程を考える作業までを一つのセットとして取り組んできました。なので、本書では目指すゴールに加え、現在からゴールを置く未来までの道のりを含め、「ビジョン」と呼びたいと思います。

甲子園出場、東都大学リーグでの打撃三冠王、アトランタオリンピックでの銀メダル、福岡ダイエーホークスでの日本一、盗塁王のタイトル、シカゴ・ホワイトソックス、フィラデルフィア・フィリーズでの世界一、千葉ロッテマリーンズでの日本一、監督として最下位チームを優勝争いまで引き上げた5年間……。こうして書き並べてみると、実に多くの「成功」を経験させてもらいました。

ただ、皆さんに忘れてほしくないのは、僕は決してスーパーマンではなく、東京に住むごく普通の家庭に生まれ育った、ごく普通の日本人だということです。周囲の人と何が違ったのか。それは「ビジョン」を思い描き、目標を達成するための積み重ねを続けたことだと思います。

成功よりはるかに失敗の方が多い道のりを歩んでいます。

ですが、失敗を恐れて挑戦しなければ、成功を摑むことはできません。

本書では、それぞれのライフステージにおいて僕が描いてきたビジョンと同時に、この先の未来に向けて描くビジョンについてご紹介していきたいと思います。第一線で活躍するビジネスパーソンはもちろん、学生、子供たち、その保護者の方まで、幅広い層の皆さんが有意義な時間を過ごすためのヒントを見つけてくれたらうれしく思います。

井口ビジョン、お楽しみください。

目次

第3章

環境整備と意識改革
監督としてのビジョン①

自分たちで何かを創り出す魅力／「優勝」に並んで掲げた三つの目標／王監督から学んだプロとしての在り方／イメージと現実の狭間で苦しんだ打撃スタイル／「タイトルだよ。タイトルを獲ればいい」／どん詰まりのヒットを称える「金森理論」／ビジョンを変えた二塁へのコンバート／さらなる成長と刺激を求めてメジャーの舞台へ／心を軽くしたギーエン監督の言葉／心遣いとメリハリを教えてくれたギーエン監督／トレードで得た新たな仲間と刺激／球団経営やチーム編成……メジャーで広がった興味／過渡期のロッテで5年ぶりの日本復帰／アーリーワークで火がついた西岡剛のやる気／史上最大の下剋上／貫いた「チームのために戦う姿勢」

原点回帰で決めた監督就任／ガラケー並みに他球団から後れをとった練習環境／必要だった外部からの新たな〝声〟／ヘッドコーチと二軍監督を託した信頼を置く二人／コーチ・スタッフと共有した常勝軍団になるまでのビジョン／一掃したかった「下剋上」のイメージ／選手の意識を変えるには、まずコーチから／一方的ではないコミュニケーションの意味／河合克美オーナー代行兼球団

第６章　１００年先も野球が愛されるように

未来へのビジョン②

第 1 章

王道よりも自主性

プロになるまでのビジョン

IGUCHI VISION

年上の背中を追った幼少期

「プロ野球選手になりたい」

2歳上の兄が野球をしていたことがきっかけで、物心がついた頃には僕の手に野球ボールが握られていました。小学生でプロ野球選手になることを夢見たのは、自然の流れだったのでしょう。幼い頃の僕は何をするにしても、兄とその友達の後ろをついていき、仲間に入れてもらっていました。

野球も遊びも、同級生ではなく2歳上のお兄さんたちと一緒。小学生で2歳違えば、体格や運動能力にかなりの差が生まれます。兄たちには難なくできるプレーでも、僕には難しいこともある。それでも、同じ仲間だと思っている僕には年齢や体格差なんて関係ない。できないことが悔しくて、早く追いつけるように何度も練習した思い出があります。

僕は引退するまで、いや引退した今も、自分が野球を上手だと思ったことはありません。2歳上の兄たちに必死で追いつこうとした原体験があるからです。比較対象は同級生ではなく2歳上。特に中学のシニアリーグや高校で同じチームだった内野手の先輩がかっこよく、「あの人に追いつきたい」とグラウンドや家で練習を繰り返しました。目指していたレベルに到達したら、さらに高いレベルにいる人を目標とする。視線の先には常に一つ二つ上のレベルを捉《とら》える習慣がついたようです。

小学6年生になる時、軟式の少年野球から保谷《ほうや》リトルリーグに移り、硬式野球を始めました。中学生になると、そのままシニアでプレー。「プロ野球選手になりたい」という漠然とした子供の夢は、本気で目指したい目標に変わりました。

井口家の人々

1980年代はまだ、プロ野球の試合をテレビの地上波で生中継していた時代です。家族揃って正座で食事を済ませると、食器を片付けて洗うのは子供たちの仕事。一家団欒《だんらん》で見るテレビの画面には、当然のようにプロ野球中継が映し出されていました。井口家も例外ではなかったものの、ただ一つ、東京の家庭として珍しかったであろうことは、画面越しに応援するのは読売ジャイアンツでもヤクルトスワローズでもなく、中日ドラゴンズだ

幼少期は２歳上の兄の背中をいつも追いかけていた

ったことでしょう。

井口家は父、母、兄、僕の４人家族。ごく普通の家庭で育ちました。父は一般的なサラリーマンで、毎朝決まった時刻に家を出て、決まった時刻の電車で出社。仕事を定時で終えると決まった時刻の電車に乗って帰宅する。このサイクルは定年を迎えるまで続き、乱れたことはほぼありません。口数の少ない穏やかな人ですが、そんな父にとって唯一のこだわりが中日でした。

愛知県出身でもない父が、なぜ中日ファンなのか。改めて聞いたことがないくらい、井口家では「野球＝中日」が当たり前でした。僕が中学生だった頃は落合博満さん、鈴木孝政さん、宇野勝《うのまさる》さんらが活躍し、1988年には星野仙一監督の下、リーグ優勝を飾りました。小学生の頃は打撃フォームに特徴のあった谷沢健一《やざわけんいち》さんが好きで、中高生の頃はポジションが同じ遊撃の立浪和義《たつなみかずよし》さんに憧《あこが》れました。プロ入り後に二軍戦でナゴヤ球場へ行った時、住宅街にたたずむ球場を見て「ここがあの……」と感動したことを覚えています。

寡黙な父を立てながら、子供たちの勉強や野球をサポートし、家庭を切り盛りしてくれたのが母でした。走り込みを自転車で先導してくれたのも、庭に防球ネットを張ってくれたのも、高校を卒業するまでトス打撃の練習に付き合ってくれたのも、母です。成績優秀な兄は私立中学へ進み、僕は野球の遠征などで出費が重なる。ごく一般的な家庭にとって決して楽なことではなかったと思いますが、それでも子供たちには興味を持った道を歩んでほしいと、内職をしながらサポートしてくれました。

2歳上の兄はスポーツより勉強が得意なタイプで、中学受験をして中高一貫校へ進学。僕も成績は良かったものの、よく母から「お兄ちゃんみたいに勉強も頑張って」とハッパを掛けられました。学習塾に通っていたので中学受験を考えましたが、受験をするとなると野球の練習には参加できない。中学受験をするか、野球を続けるか、その選択を迫られた時、僕はプロ野球選手になる道に本気で取り組むことを選んだのです。

両親は僕の決断を全面的にサポートしてくれました。ただし、条件が一つ。それは勉強との両立です。目標は達成してほしいし、そのための協力は惜しまない。でも、万が一、プロ野球選手になれなかった時、社会の常識から離れた「野球しか知りません」という大人にはなってほしくない。そんな親心から生まれたアドバイスだったようです。

中学生で描いたプロという目標へのビジョン

さて、プロ野球選手になるという目標を立てたものの、達成するには一体何をすればいいのか。甲子園に出ればプロスカウトの目に留まりそうだ……。甲子園に出るためには、中学生のうちに強豪校から誘いを受けるくらい目立つ存在になった方がいいだろう……。

子供ながら目標にたどり着くまでのビジョンを描きました。

↓
中学＝強豪校に行きたいならプレーで目立つ存在になるべき？

高校＝甲子園に出場すればプロスカウトの目に留まる？
↓
↓大学＝東京六大学野球、または東都大学リーグ？
↓
↓プロ野球選手

ただ、こういった道のりは想像できても、実際にはどのくらいのレベルでプレーできればプロになれるのか、中学生ではなかなか感覚を摑《つか》むことは難しい。テレビ画面を通して見るプレーと、実際に自分の目で直接見るプレーとでは、まったく違うものとして映ります。ここで僕が恵まれていたのは、プロ野球選手になる人たちのプレーを間近に見る環境があったことでしょう。

所属していた保谷《ほうや》シニアは当時、社会人野球の強豪・熊谷組のグラウンドを借りて練習していました。一生懸命に練習する中学生の姿をチーム関係者が見ていてくれたのか、午前中に僕らが練習を終え、午後から熊谷組が練習する時になると、3人ほど練習に参加させてくれたのです。なかなかない贅沢《ぜいたく》な経験で、熊谷組を応援するために東京ドームまで都市対抗野球を観に行ったこともありました。

僕が練習に参加させてもらった頃は、元オリックス・ブルーウェーブのパンチ佐藤さん、元西武ライオンズなどの鈴木哲《すずきてつ》さん、元阪神タイガースの弓長起浩《ゆみながたつひろ》さん、元横浜ベイスターズなどの波留敏夫《はるとしお》さんらが在籍。野手ではパンチさんや波留さんのプレーを間近にし、プロになるために達すべきレベルを体感できたことは、目標までの道のりが具体化する大きな助けとなりました。

パンチさんは今でも、野球教室などでご一緒すると「いやぁ、あの時の井口くんがねぇ。まさかロッテの監督までやったんだから。驚きだよねぇ」と懐かしそうに声を掛けてくださいます。パンチさんにとって、僕は何歳になっても中学生のイメージのままなのかもしれません。

制約の多い環境で身につけた「考える力」

僕はこれまで自分で進路を決めてきました。両親に強制されたことはありません。中学３年の時にシニアリーグで全国大会に出たこともあり、数多くの高校から入学の誘いをいただきました。その中から選んだのが、國學院大學久我山高校です。

激戦区の西東京に属する國學院久我山は、2024年2月現在、甲子園出場は春夏合わせて7回。僕が入学した時はすでに春夏合わせて3回の甲子園出場歴がありましたが、いわゆる常連校ではない。甲子園常連校からも特待生としてのオファーを受けていましたし、甲子園出場を第一に考えるのであればそちらを選ぶべきだったでしょう。僕の意思を全面的に尊重してくれた両親ですが、強豪校からの特待生オファーを受けなかったことには驚いていたようです。

では、なぜ特待生制度もない國學院久我山を選んだのか。それは文武両道を図りながら甲子園を目指せる環境があると考えたからです。保谷シニアで目標としていた先輩や仲間たちが進学先としたことも決断を後押ししました。

入学すると、そこにはかなり制約の多い環境がありました。まず、校則で午後6時半には完全下校と定められていたので、放課後は2時間ほどしか練習できません。もちろん朝練は禁止。テストで赤点を取れば部活に参加できません。さらに、グラウンドはサッカー部など他の部活と共用だったので半面しか使えないことがほとんどで、全面を使ったフリー打撃やシートノックができるのは月曜日と土曜日だけ。普段は使えるスペースを分割し

國學院久我山時代に「自分で考えてやる野球」を身につけた

てティー打撃や守備練習などをしていました。

甲子園出場を目指すには、お世辞にも恵まれた環境とは言えません。でも、不思議とこの環境をネガティブに捉えることはありませんでした。制約のある環境でも、甲子園に出場した実績がある。つまり、チャンスはあるわけです。甲子園に出場できるか否かは、少しの運と自分たちの工夫次第。そう考えると、チャレンジ精神に火がつきました。

グラウンドの限られたスペースでどんな練習ができるのか。部活としての練習時間が短いのであれば、それ以外の時間で何ができるか。制約の多い環境にあったからこそ、僕たちはそれを克服するための方法を考える力が自然と身についたように思います。

フリー打撃ではサッカー部が活動する左翼ではなく、なるべく右翼方向を狙うように心掛けました。これがボールを手元に引きつけて右翼へ強い打球を運ぶスタイルの原型になったのかもしれません。打席からおよそ100メートル離れた右翼に立つ校舎は格好の的になりました。守備練習では限られたスペースながらバラエティに富んだ打球をノックしてもらい、しなやかなグラブ捌《さば》きや球際の強さを身につける動きを反復。こうした練習が土台作りにつながったのでしょう。

部活外の時間では、部員はそれぞれに工夫を重ねました。僕は通学時間も練習に充てようと考え、電車やバスは使わずに、自宅から20分かけて自転車で通っていました。雨の日も酷暑の日も極寒の日も自転車。午後６時半に学校を出ると、下校途中にある井《い》の頭《かしら》公園に寄って自転車での坂道トレーニングや走り込み。公園の中は平坦《へいたん》ではなく、様々な角度の傾斜や階段があるため、トレーニングにはうってつけだったのです。

「エンジョイ・ベースボール」が意味するもの

チーム全体での練習時間は短く、あとは選手個人の努力に委《ゆだ》ねられるスタイルは、國學院久我山野球部の場合、校風やグラウンド事情などから必然的に生まれたものかもしれません。ただ、高校時代に「やらされる野球」ではなく、「自分で考えてやる野球」を経験できたことが、後の野球人生で大いに役立ったことは言うまでもありません。

現役時代はもちろん、監督をして痛感したのは、自分で考える習慣を持たない選手がいかに多いことか。困難やスランプに直面した時、「やらされる野球」で育ってきた選手は迷い、立ち止まります。その一方で、目的や目標に対してどんなアプローチを取るべきか、自ら考え、ビジョンを描ける選手は乗り越え、世界を広げます。

僕が高校生だったのは30年以上前になりますが、國學院久我山で実施されていた「選手の自主性を育てる」スタイルは今、令和の時代に求められる指導の在り方に通じるものがありそうです。

2023年夏、慶應義塾高校（神奈川）が107年ぶりに甲子園優勝を飾りました。自由な髪型で笑みを浮かべながら伸び伸びとプレーする選手たちの姿は、高校野球のステレオタイプとは一線を画すもの。チームのモットーでもある「エンジョイ・ベースボール」は、高校野球の指導の在り方に一石を投じるものでした。

ただし「エンジョイ・ベースボール」という言葉の意味を正しく理解せず、「楽しい野球」「楽しく野球をする」と読み取ってしまうと、本来意味するところとはズレてしまいます。森林貴彦監督も仰有《おつしや》っていましたが、「エンジョイ・ベースボール」とは「野球の勝負を楽しむ」ことであって、決してレクリエーション的な楽しさを意味するものではありません。

勝負を楽しむためには、試合ですべてを発揮できるような準備が必要ですし、その過程では苦しいことや辛《つら》いことも経験しなければならないでしょう。試合を迎えた時に「もう楽しむしかない」と思えるのは、「練習をすべてやりきった」「できる準備は整った」という境地に達した時のみ。慶應義塾高校の優勝で注目されたスタイルに通じるものが、僕らがいた頃の國學院久我山にもあったように思います。

甲子園で味わった「松井秀喜の衝撃」

高校では1年から遊撃手として試合経験を積むことができました。2年の夏には、プロを目指す上でのステップの一つと考えていた甲子園にも出場。「3番・遊撃」という重要な役目を任されて臨んだ1回戦は池田高校（徳島）との対戦でしたが、正直なところ、心がフワフワと舞い上がってしまい、気が付いたら試合はすでに終盤を迎えていました。

4点を先行されたものの6回から反撃に転じ、2点を追う8回には本塁打とスクイズで追いついて、9回を終えて4－4の同点。第4試合だったため、延長10回を迎える時に見上げた空はすでに薄暗く、甲子園の照明が眩《まぶ》しく光っていたことが鮮明な記憶として残っています。試合が動いたのは、その直後でした。

10回表、2死一塁とした池田は盗塁を仕掛けてきました。捕手の二塁送球はベースカバーに入った僕の手前でショートバウンドし、外野へ抜けていったのです。すると、今度は外野からの三塁への送球がイレギュラー。ボールが転がる間に勝ち越され、初めての甲子園は終わりました。

その時は大きな悔しさが残りましたし、勝ち上がれるのなら勝ち上がりたかった。ただ、激戦区の西東京で優勝したことは誇りですし、甲子園出場は自分の現在地を知る貴重な機会にもなりました。東京や関東ではなく、日本全国に視野を広げた時、僕の実力はまだまだだと思い知らされる出来事があったのです。それが星稜高校（石川）・松井秀喜との出会いでした。

松井と僕は1974年生まれの同級生。出会いと言っても、松井は覚えていないでしょう。僕が一方的に衝撃を受けたのですから。2年生ながら超高校級の実力を持つ松井の名前はすでに全国に知れ渡るものでした。僕は「どんな選手なんだろう」と興味津々でしたが、甲子園で見たのは体格が一回りも二回りも違う大人のような高校生。スイングスピードの速さ、パワフルなスイング、バットが空気を切る音、どれをとっても桁《けた》外れで、それまで味わったことのない強烈なインパクトを受けたのです。

僕自身、東京では少し知られた存在になっていましたが、松井を見て「高校からプロに行くのはこういう選手。今の自分では勝てない」と実感。木製バットにうまく対応できる自信がなかった本音に加え、客観的な視点で自分の現在地を知った僕は、高校からプロ入りするのではなく、大学でしっかり実力をつけてから挑もうと心に決めたのです。この時に味わった〝松井の衝撃〟は、一つのターニングポイントとなりました。

大学進学を選んだ二つの理由

甲子園に出場したこともあり、プロのスカウトの皆さんが練習や試合を観に来てくれるようになりました。3年生では残念ながら甲子園出場ならず。それでも11球団が興味を持ってくださり、ある球団からは「プロ入りを希望するなら2位で指名したい」という有難い話もいただいたそうです。ただ、僕の心は大学からプロを目指す道に向いていました。

もう一つ、大学進学という決断を後押しした出来事がありました。それが3年の夏、1992年に開催されたバルセロナオリンピックです。当時、オリンピックに参加するのは社会人を中心としたアマチュア日本代表で、プロの参加は認められていませんでした。

バルセロナでは、杉浦正則さん（日本生命）、伊藤智仁《いとうともひと》さん（三菱自動車京都―ヤクルト1位）らが投手陣を牽引《けんいん》し、野手では大島公一さん（日本生命―近鉄バファローズ5位）、三輪隆《みわたかし》さん（神戸製鋼―オリックス2位）らが活躍。そして、20人の代表メンバーのうち唯一の大学生が青山学院大学3年の小久保裕紀《こくぼひろき》さんでした。

小久保さんは主に左翼手としてスタメン出場し、予選リーグでは2本塁打、アメリカとの3位決定戦では2安打2打点の活躍。日本の銅メダル獲得に大きく貢献しました。胸に「JAPAN」の文字が入ったユニホームを身にまとい、右の大砲として存在感を光らせる姿は本当に格好よかった。当時、小久保さんの姿に憧れた野球少年は多かったと思います。

1984年のロサンゼルスオリンピックで公開競技となった野球は、続くソウルでも公開競技として開催され、このバルセロナから正式競技となりました。すでに4年後の1996年アトランタでの開催も決まっていることを知った僕の頭の中に、ふとこんな思いがよぎりました。

「オリンピックに出場したい。大学に行けば日本代表に入れるかもしれない」

高校まで「日本代表」と名の付くチームに縁のなかった僕は、いつの日か「JAPAN」のユニホームを着てみたいと思っていました。オリンピックは社会人が出場するものと思っていたところで、大学生の小久保さんが代表入り。その勇姿を見た僕は「大学で活躍してプロ入りしよう」という目標を、「大学で活躍して4年生でオリンピックに出場し、そこからプロに入ろう」と微修正し、新たな挑戦に胸を高鳴らせたのです。

國學院久我山と青山学院大学の共通点

進学先に選んだのは、青山学院大学でした。数多くの大学から誘いをいただきましたが、当時は東都大学リーグが「戦国東都」の名にふさわしい盛り上がりで、多くのプロ選手を輩出。レベルの高い環境で実力を磨くためにも東都に行きたいと思ったのです。青山学院大学には高校の先輩が進んでいましたし、あの小久保さんもいる。同じ大学でプレーしていればオリンピック出場のチャンスが広がるかもしれないとも思ったのです。

実は高校2年の時、青山学院大学の河原井《かわらい》正雄《まさお》監督（当時）が僕に興味を持ち、スカウティングに来てくださったことがありました。ただ、河原井監督は僕を見るなり「あ、これは大学には来ない」と言って、すぐに帰ってしまったそうです。後日、その理由を聞いてみると「プロに行くだろうから誘っても来るわけがないと思った」とのこと。その僕が進路としてプロではなく青山学院大学を選び、河原井監督を恩師と仰ぐようになるのですから、人生とは奇なるもの、どう転ぶか分かりません。

青山学院大学の全体練習は國學院久我山と同じく2時間ほど。それ以外の練習は選手の自主性に委ねられていました。選手の自主性や裁量に任されるというと〝自由＝楽〟というイメージが浮かぶかもしれませんが、実はその逆。自分を律しながら、何が必要かを考えて練習するのは、なかなか難しいことです。自分で考える力があれば有意義な時間を過ごせますが、考える力がなければ何もできずに無駄に時間が過ぎるだけ。何も考えなくてもいい分、指導者が用意したメニューをこなす方が楽なのです。

高校でも似た環境にあった僕は幸い、青山学院大学のスタイルにすんなり溶け込むことができました。一方で「やらされる野球」で育ってきた選手は、地図も持たずに見知らぬ街へ放り出されたかのように戸惑っていました。

野球に限らず、人生において自分で考える習慣を持つことは、とても重要なことだと思います。瞬時に判断しなければいけない時、重要な岐路に立たされた時、スランプに陥った時、人は自分で答えを導き出さなければならない場面にたびたび遭遇します。そんな時より良い選択ができるように、選手の自主性を育てる環境は大人＝指導者が整えるべきなのでしょう。

大学では、大切な仲間たちに出会いました。1993年に硬式野球部の門を叩《たた》いた同期は僕を含めて8人。今でも連絡を取り合い、みんなで集まって食事に出掛けるほど気の置けない仲間です。そのうち、1996年のドラフト会議では清水将海《しみずまさうみ》（ロッテ1位）、澤﨑俊和（広島東洋カープ1位）、倉野信次（ダイエー4位）、そして僕（ダイエー1位）の4人がプロ入り。高いレベルで切磋《せっさ》琢磨《たくま》できた4年間は、選手としての成長を確実に後押ししてくれました。

環境もまた、同期の絆《きずな》が深まる助けとなりました。野球部の寮では代々、4人部屋に各学年から1人ずつ入る〝縦割り〟システムが採用されていましたが、僕たちの入学に合わせて同学年で部屋を共有する〝学年別〟に変更されたのです。部屋に帰っても気兼ねなく、ざっくばらんに野球や大学の話をすることができましたし、時にはみんなで一つの部屋に集まって「俺たちの代で頑張っていこうぜ」と盛り上がったこともあります。それぞれの存在がそれぞれにとって大きな刺激となっていました。

プロのイメージを具体化させた小久保さんの存在

僕が掲げた大学での目標は「プロ野球選手になること」と「オリンピックに出場すること」。これを達成するための指針となったのが、言うまでもなく小久保さんです。小久保さんの取り組みを間近で見ることができた1年は大きな財産となりました。小久保さんはとにかく、時間があれば練習するのです。

今でこそ、大学生が練習にウエートトレーニングを取り入れるのは当たり前。高校生から始める学校も少なくありません。でも、1990年代前半はまだ科学に基づいたトレーニングは一般的ではなく、自重を使ったトレーニングや走り込みなどが主流でした。そういう時代に小久保さんはウエートトレーニングや新しいトレーニング方法を積極的に取り入れ、大学野球では押しも押されもせぬ右の長距離砲となったのです。そして、1993

年のドラフト会議では逆指名の末、ダイエーから2位指名を受けてプロの世界へ羽ばたいていきました。

僕にとって小久保さんは最も身近からプロ野球選手になった人物です。「小久保さんと同じことができれば、ドラフト指名を受けるレベルまで達するはずだ」と考えた僕は、その練習を徹底的に真似しました。毎日夜9時になると寮の目の前にあった大学のトレーニング施設へ行き、コーチの指導を仰ぎながらベンチプレスなどのウエートトレーニングを実施。小久保さんが上げていたウエートの重さを目標とし、「これを超えればプロ野球選手になれる！」と張り切ったものです。

河原井監督も「とにかく小久保を抜け」とハッパを掛けてくる。「よしっ！」と息巻く僕に、河原井監督が大きな〝人参《にんじん》〟を用意してくれたこともあります。

当時、横浜市内の綱島《つなしま》総合グラウンドにあった野球場には「小久保ネット」と呼ばれる防球ネットが張られていました。小久保さんがネットを越える打球を飛ばし続けたため、近隣の迷惑にならないようネットを高く改修していたのです。すると、河原井監督は小久保ネットを越える打球を打てたら1本1万円をくれるというのです。僕の目の色が変わったことは言うまでもありません。

ただバットを大振りしても飛距離は伸びません。バットの芯《しん》でボールを捉えて初めて、力強い打球が遠くまで飛ぶのです。一生懸命にロングティーの練習に取り組むと、次第に1本、2本とネットを越えるようになり、ついにはネット越えが連発されるようになりました。当初は約束通り1本1万円のご褒美をくれた河原井監督も大慌て。いつのまにか、さらに高いネットが張られていました。今でも大笑いする、いい思い出です。

打撃を開花させたウエートトレーニング

僕が入学した年は、4年生に小久保さん、2年生には坪井《つぼい》智哉《ともちか》さん（東芝－阪神4位）や川越英隆《かわごえひでたか》さん（日産自動車－オリックス2位）が在籍するなど、非常にレベルの高いメンバーが揃っていました。河原井監督は1年春季リーグから遊撃手として起用してくださり、僕も3割を超える打率で貢献。優勝がかかった駒澤大学戦では8回に逆転2点タイムリーを打ち、7季ぶり3度目の優勝を飾りました。

好成績を残せたものの、僕自身はまったく手応《てごた》えを感じられず、自分ではビギナーズラックだったと思っているほどです。何も考えずにバットを振って、たまたま結果が出ただけ。ヒットを打っても、タイムリーになっても、心の中では大学野球の壁を感じていたのです。

高校野球と大学野球の最大の違いは、バットでしょう。高校では金属バットを使うのに対し、大学では木製バットを使用。僕は当初、スムーズな移行ができたと思っていたのですが、打席に立てば立つほど、バットを振れば振るほど、自分の打撃を見失い、しばらくは出口の見えないトンネルを彷徨《さまよ》っている状態でした。

僕たちが高校で使っていた金属バットは、900グラム以上という重量規定が設けられる前のもの。非常に軽く、ヘッドに重さを感じない作りだったため、素速いスイングでボールを打ち抜くことには優れていました。ただでさえ、金属バットは木製バットよりも打球の飛距離が出るものです。さらに、軽量で操作性に優れていたため、バットのどこかに当たりさえすればヒットになっていました。

でも、木製バットはまず重い。軽くても900グラム前後で、ヘッドの重さを利用しながら芯でボールを捉えなければなりません。もし芯を外したら打球は前に飛ばないし、バットはすぐに折れてしまいます。

なんとなく出た結果が長続きするはずもありません。1年春に3割を超えていた打率は、秋には2割台となり、2年春にはとうとう1割台まで低下。さすがに危機感は募るものの、何を試してみても上手《うま》くいかない。途方に暮れていたある日、たまたま実家に立ち寄ると、真面目な顔をした母から「このままじゃプロに行けなくなるよ」と現実を突きつけられたのです。幼い頃から僕の練習に付き合い、一番近くで応援してくれた母の言葉は僕の尻《しり》に火をつけました。そして本格的に始めたのが、小久保さんがやっていたウエートトレーニングでした。

寮の目の前にある大学のトレーニング施設に通い始めた頃、僕の体はまだ線が細く華奢《きゃしゃ》でした。おそらく打撃のスキルレベルは向上しても、体がそれに追いついていなかったのでしょう。ロッテに入団当初の佐々木朗希《ささきろうき》を思い出してみてください。高校生で時速160キロを投げることはできましたが、体はまだ細く、才能を使いこなすのに十分な筋力に欠けていました。スキルや才能と身体能力とのバランスが取れていないと、安定したパフォーマンスは生まれません。

僕はプロを目指す上でも必要な筋力をつけるため、トレーニングコーチにプログラムを組んでもらい、ウエートトレーニングに励みました。僕が本格的に始めると、興味を持った同期が次々と参加。すぐに効果が出るものではなく地味で辛いトレーニングですが、仲間と一緒にゲームをクリアする感覚で楽しみながら続けることができました。

効果を感じるようになったのは、2年夏のオープン戦でした。不思議とバットの重さが気にならなくなり、打球のスピードと飛距離がアップし始めたのです。筋力が増して木製バットの重みにも負けない体となり、うまくバットのヘッドを使いながら芯で捉える打撃が体現できるようになったのでしょう。

2年秋季リーグでは、打撃が一気に開花。ヒットばかりかホームランも飛び出すようになり、半年前の春季リーグには打率1割台で低迷していたのが嘘のよう。打率3割4分8厘、8本塁打、16打点の成績を挙げ、東都大学リーグでは1972年の藤波行雄さん（中央大－中日1位）以来となる三冠王を達成することができたのです。

大学日本代表入りで近づいたオリンピック出場

同じチームでプレーした先輩方がプロの道に進んだことで、目指すレベルがより具体化され、自分の強化ポイントが明確になりました。同じくプロを目指す同期の存在が刺激になったことは言うまでもありません。それに加えてもう一つ、僕の視野を広げる経験を積むことができました。それが大学代表、そして日本代表として数々の国際大会を戦えたことです。

1993年春季リーグで青山学院大学が優勝したこともあり、僕は1年生ながら大学代表に選ばれ、その年に開催された日米大学野球選手権に出場する幸運に恵まれました。海外のチームと対戦した経験は小学生の時に一度あるだけで、本格的に対戦するのはこれが初めて。世代別の日本代表も初選出だったので、同世代のトップが集まる大学代表入りは本当にうれしい出来事でした。

アメリカで開催された大会では5試合を戦い、日本は2勝3敗で優勝を逃しましたが、3試合で2点差以内と拮抗《きっこう》。メジャー予備軍の呼び声が高いアメリカ代表の野球は新鮮で「世界にはこんなヤツらがいたんだ」とカルチャーショックを受けたものです。

日本も小久保さんをはじめ、法政大学の稲葉《いなば》篤紀《あつのり》さん（ヤクルト3位）、駒澤大学の河原純一さん（巨人1位）、立教大学の川村丈夫さん（日本石油－横浜1位）、日本大学の北川博敏さん（阪神2位）ら、後にプロ入りする選手がズラリ。そして、一緒に遊撃を守ることになったのが、ダイエーでチームメートとなる明治大学4年生の鳥越《とりごえ》裕介《ゆうすけ》さん（中日2

木製バットに順応し大学２年秋には三冠王を獲得

位）でした。本来であれば、早稲田大学4年だった仁志《にし》敏久《としひさ》さん（日本生命－巨人2位）が選出される予定だったのですが、仁志さんはすでに日本代表にも入っていたので、僕が選ばれたというわけです。

日米大学野球では第3戦に右中間へ本塁打を放ちました。すると、この一発をアマチュア野球界の重鎮、慶應義塾大学の前田祐吉監督が高く評価し、「彼が次回オリンピックのショートだ」とお墨付きをくださったそうです。その影響もあってか、翌1994年にはアトランタオリンピックに向けた日本代表候補となりました。候補とは言え、目標へ一歩近づいたのです。スランプを乗り越え、秋季リーグで三冠を達成した直後の選出だっただけに感慨深いものがありました。

世界の広さを知ったアトランタオリンピック

日本代表として初めて出場したのは、キューバ代表との親善試合でした。キューバ代表の野球を見た時は全身が雷に打たれたような衝撃が走りました。この時は、後に日本球界でプレーするオマール・リナレスやアントニオ・パチェコらが在籍。スピード、パワー、テクニック……どれをとっても規格外で、僕の口から繰り返し漏れるのは「すげぇ」の一言。日本の野球とはまったく違うスタイルの野球が、そこにはあったのです。

キューバ戦で場外ホームランを打ったことも幸いし、代表候補として選出され続けた僕は1996年、大学進学時に掲げた目標を一つ達成することができました。アトランタオリンピック日本代表入りを果たしたのです。高校時代にテレビで見て以来、目標としてきたオリンピックの舞台。「JAPAN」の文字と日の丸があしらわれたユニホームに袖《そで》を通し、グラウンドに立った時の誇らしい気持ちは今でも忘れません。

参加8か国による予選リーグではキューバ、オーストラリア、アメリカに敗れ、4勝3敗の3位で通過しました。準決勝では予選で大敗を喫したアメリカと対戦するも、投打のかみ合った試合展開で11－2と圧勝。決勝では、全勝で勝ち上がってきたキューバに6点を先制されながら、5回に松中信彦さん（新日本製鐵君津－ダイエー2位）の満塁本塁打などで同点に追いつく展開に。最終的には9－13で敗れて銀メダルでしたが、オリンピックを通じて様々な価値観の野球に触れたことは、僕のキャリアに大きな影響を与えました。

オリンピックの後、多くのチームメートがプロの世界へ進み、対戦したアメリカやキューバからは多くのメジャーリーガーが誕生しました。アメリカ代表では現在オークランド・アスレチックスの監督を務めるマーク・コッツェー、２０１７年に監督としてヒューストン・アストロズを世界一へ導いたＡ・Ｊ・ヒンチ、２０１２年ナ・リーグでサイ・ヤング賞に輝いたＲ・Ａ・ディッキーらがプレー。キューバ代表にはリナレスやパチェコの他、ホワイトソックスで同僚となる右腕ホセ・コントレラスもいました。

世界のレベルを肌で感じると同時に、自分の現在地を確かめられたことで、世界のトップが集まるメジャーの舞台は漠然とした憧れから、プロ野球の先にある目標に変わったのです。

少年野球から始まりプロ入りするまで、東京から関東、日本、そして世界へと視野を広げる経験を積めたことに感謝の思いしかありません。そして、結果的には自分で選んだ國學院大學久我山高校、青山学院大学で身についた自主性と考える力が、目標を置くレベルが上がっても戸惑うことなく、達成までのビジョンを描く力の土台となったのです。

第２章

挫折と成長で広がった世界

プロ選手としてのビジョン

IGUCHI VISION

自分たちで何かを創り出す魅力

「プロ野球選手になる」

1996年のアトランタオリンピックで銀メダルを獲《と》った僕は、その年の11月21日、今度はプロ野球選手になるという目標を達成しました。ドラフト会議でダイエーに1位指名されたのです。

当時はいわゆる逆指名制度があった時代。幼い頃に応援していた中日、東京に拠点を置く巨人など多くの球団から熱心な誘いを受けましたが、最終的に僕が選んだのはダイエーでした。

この年のダイエーはリーグ6位の成績で、南海ホークス時代の1978年から19年連続Bクラスと、弱いチームの代表のようでした。しかし、1994年に西武から秋山幸二《あきやまこうじ》さんがトレードにより加入すると、同年オフには王貞治さんが監督に就任。その直後、今度は西武から工藤公康《くどうきみやす》さんがFA移籍するなど、万年Bクラスからの脱却を目指す動きが本格化し始めていました。もしかしたら、僕は何か大きなことが起こる予兆を感じていたのかもしれません。

振り返ってみると、高校や大学の進路を決める時も、いわゆる〝王道〟は選ばなかったように思います。甲子園常連校の特待生よりも國學院大學久我山高校、東京六大学野球リーグの伝統校や東都大学リーグの有名校よりも青山学院大学、そしてプロでは圧倒的な人気のセ・リーグではなくパ・リーグ、しかも下位を争うダイエーを、自分の意思で選択したのです。

数ある選択肢の中で、なぜ王道をとらなかったのか。こればかりは自分の〝第六感〟が働いたとしか言いようがありません。お膳立《ぜんだ》てされたレールに乗るだけではつまらないし、自分たちで未来を切り拓《ひら》き、作り上げる楽しさは刺激的でもある。平たく言えば、単に目立ちたかっただけなのかもしれません。ただ、自分たち次第で何か面白いことを成し遂げられるかもしれない、そんな環境に大きな魅力を感じていたことは確かです。

「優勝」に並んで掲げた三つの目標

「トリプルスリー（打率３割・30本塁打・30盗塁）」
「２０００本安打」
「40歳まで現役を続ける」

プロとしてのスタートラインに立った僕が、「優勝」に並んで掲げた三つの目標です。
打撃技術、パワー、そしてスピードが求められる「トリプルスリー」、名球会入りの条件かつ年間１５０安打しても14年かかる「２０００本安打」は、紛れもない好打者の証《あかし》。プロ入りは目標でしたが通過点の一つに過ぎません。この二つの新しい目標は、プロの世界で記録に残る選手になろうという誓いでもありました。

三つ目の目標は、プロ入り後に愕然《がくぜん》とした光景を反面教師としたものです。僕が入団した頃は、元号は平成ながら昭和の香りが色濃く残っていた時代。今よりも選手寿命が短く、30代前半でも大御所感が漂っていました。ダイエーでアスリートを自認する選手はごく一部で、口は達者だけど体が動かないメタボ体型のベテランが、ロッカーやベンチで野球とはまったく関係のない話で盛り上がっていたのです。

「なんだ、このオッサン。30代ってこんなに動けないのか？　こうはなりたくない」

目標としてきたプロ野球界の実態に愕然とした僕は、30歳を過ぎても第一線で活躍し、40歳でも戦力としてプレーできる姿を見せてやろうと決意しました。入団まもない僕ですら分かる「勝てない理由」が、そこにあったのです。

王監督から学んだプロとしての在り方

この「負け体質」を打破しにやってきたのが、「勝者のメンタリティ」を持つ王監督であり、秋山さん、工藤さんであり、日本ハムファイターズからトレード加入した武田一浩さんら外部から加わった新たな〝声〟でした。

ベテラン南海組と外部からの新加入組の間には、勝利を追い求める熱量に大きな温度差がありました。でも、それ以上に大きな違いを感じたのは、負けた時の受け止め方です。新加入組は勝利に基準を置いているので、負ける悔しさを知っている。一方の南海組は負けることに慣れてしまい、悔しさはゼロ。チームの勝利よりも自分があと何年ユニホームを着られるか、それしか考えていないようでした。ベテランがこの調子では若手のやる気も削《そ》がれてしまいます。

選手の意識を変えるため、王監督は就任と同時にコーチ陣を刷新しました。本気で優勝を目指す集団を作り上げようと、選手と近く接するコーチも外部から招聘《しょうへい》。監督自ら若手選手たちに積極的に声を掛け、負ける悔しさとプロの心構えを教えてくれました。

現役時代を巨人で過ごし、通算868本塁打を記録した〝世界のホームラン王〟です。監督としても巨人を率い、常にスポットライトを浴びながらファンの期待に応《こた》えてきただけに、プロとしての在り方について確固たるビジョンを示してくれました。

「当たり前のように毎日試合をしているけれど、この試合、この1球は二度とない。選手だって人間だ。体調が優れない日や気持ちが乗らない日があるかもしれない。でも、今日しか球場に来られないファンもいるし、はるばる遠方から楽しみに来てくれたファンもいる。そういうファンのためにも、我々は毎日ベストパフォーマンスを見せられるよう全力を尽くそうじゃないか」

常勝軍団と呼ばれるようになるまで、ミーティングで繰り返し聞いた言葉です。スーパースターとして「ファンが自分を見に来てくれている」という自覚を持ち、期待と真摯《しんし》に向き合ってきた王監督の教えは、今でも僕の指針になっています。

圧倒的な実績を持つ雲の上の存在で、時には試合中に烈火の如く怒る厳しい姿も見せていた王監督ですが、いったん試合が終われば下町育ちの気さくな一面がのぞきます。監督専用の風呂場《ふろば》は使わずに選手と同じ大浴場にやってきて、ベテラン・若手の区別なく、ざっくばらんな会話を楽しんでいたのです。

入団後しばらく、僕は思うような打撃ができず、頭を悩ませていました。そんなある日、風呂場にいると王監督が声を掛けてくださいました。あの王監督でも入団当初はプロの球が打てず〝三振王〟と呼ばれていたこと、悔しくてたまらずにタイミングのとり方を変えたら状態が上向いたことなど、僕のヒントになるように若き日の苦労話を聞かせてくれました。

この時、教えてくれたのは「そもそも打席での勝負は、ボールを投げる投手が先手。ただ、打者は受け身だからといって後手に回ってはいけない。逆に打者は投手の間合いを飲み込んでしまえ」ということ。具体的には、投手がモーションに入ろうと足を上げるタイミングで、打者も足を上げ、いつでもバットを振れる状態を作っておくようにという助言でした。実際にこの方法を試してみると、それ以前より格段にタイミングが合うようになってきたのです。

イメージと現実の狭間で苦しんだ打撃スタイル

意気揚々とプロの門をくぐったものの、しばらく思い通りにいかない苦しい日々が続きました。大学とプロの間には、やはり高く分厚い壁があったのです。もちろん、大学ではリーグ戦や代表戦を通じてプロ入りに必要なレベルの高さを測ることができましたが、プロの入り口に立つこととプロで結果を出すことはまったくの別もの。特に投手はコントロール、ボールの切れ、スピード、すべてのレベルが段違いで、赤堀元之さん（近鉄）や西口文也さん（西武）ら一線級の投手には手も足も出なかったことを覚えています。

もう一つ、実際とは違うイメージが一人歩きし、本来の自分とのギャップが生まれていました。大学通算成績は打率2割8分1厘、24本塁打、61打点、32盗塁。24本塁打は今でも東都大学リーグの最多記録です。それだけに入団する時の触れ込みは「大学のホームラン王」。さらに、デビュー戦で満塁本塁打を記録したため、すっかり長距離打者のイメージがついてしまったのです。

本来、僕の理想はセンターからライト方向に内野手の頭を越すような強いライナー性の打球を運ぶこと。しかし、先行した長距離打者のイメージに周囲はもちろん、僕自身も勘違いしてしまったのです。打球を引っ張ることに夢中になり、本来の打撃ができず、結果がついてこない。遊撃手として出場を重ねながらも、一人歩きするイメージと現実のギャップに葛藤《かっとう》を抱く、迷いの日々が続いていたのです。

思えば、大学時代も本塁打を狙って打ったことはなく、内野手の頭を越える強い打球の延長として本塁打になっていただけ。決して引っ張ることを意識したものではありませんでした。さらに、味方打線を見ると、小久保さんがいて、松中さんがいて、外国人選手がいる。僕に求められているのは本塁打ではなく、出塁して盗塁もできる1〜3番タイプの働きであることに気付いたのです。

「タイトルだよ。タイトルを獲ればいい」

2年目には全試合出場で21本塁打をマークしながら、打率は2割台前半と低迷。殻を突き破れずにいた僕に成長のヒントを与えてくれたのが、外野守備・走塁コーチだった島田誠さんです。

プロ4年目の2000年のこと。僕は試合中に故障した左肩を手術し、二軍で復帰に向けた調整を続けていました。この時、一軍では同期入団の松中さんと柴原洋《しばはらひろし》が打撃でチームを牽引《けんいん》し、鳥越さんがレギュラー遊撃手として活躍。前年に日本一となったチームはリーグ2連覇に向けて順調に勝ち星を伸ばす一方、僕は焦りと悩みを深めるばかりでした。

シーズン終了も押し迫った9月のある日、冴《さ》えない表情の僕を見た島田さんから声を掛けられました。「お前が松中や柴原を抜くには、何が一番早いか分かるか？」それが分かれば悩みはしません。返答に窮する僕に島田さんは「タイトルだよ。タイトルを獲ればいい。アイツらはまだ獲っていないんだから」と言うのです。

では、僕に何のタイトルが獲れるのか。当時のパ・リーグにはタフィー・ローズ（近鉄）ら強打の外国人選手に加え、中村紀洋《なかむらのりひろ》さん（近鉄）や松中さんもいたので本塁打や打点では難しい。首位打者はイチローさんの専売特許で、超えるには打率を1割以上積み上げなければなりません。そして、最後に残ったのが「盗塁」でした。

盗塁王だったらいけるかもしれない――。長いトンネルの先にかすかな光が差し込むのを感じました。かつては50個を超えて初めてタイトルが見えたものですが、この頃は30～40個が相場。それまで最高14盗塁（1999年）の僕でも30盗塁だったらチャンスがあると思ったのです。

さらに島田さんは、1シーズン＝6か月と考えた時に1か月あたり何盗塁すればいいか、1週間あたり何盗塁すればいいか、より身近な目標として捉《とら》えるようアドバイスをくれました。6か月で30盗塁であれば1か月で5盗塁、1週間＝5試合で1～2盗塁。「そんなに難しくないだろ？」と言われた時には、心がスッと軽くなっていました。

2001年シーズンが開幕すると、家族に頼んで食卓から見える場所にカレンダーを掛け、盗塁をした日は赤いシール、ついでに本塁打を打った日は青いシールを貼っていきました。視覚的にペースを捉える工夫です。気付けばオールスターの頃には30個に達し、シーズンを終えて44個。小坂誠さん（ロッテ）、松井稼頭央《まついかずお》（西武）を抑え、初めて盗塁王のタイトルを手に入れたのです。

盗塁数を増やすため、闇雲に走ったわけではありません。盗塁企図は打者と投手の駆け引きに影響を与えますし、アウトになれば得点機を減らします。チームを勝利に導くプレーであるためにも無理はせず、仕掛けるのは自信がある時だけ。根拠ある自信を持つために取り組んだのが、相手投手の癖を見つけたり、配球を読んだりすることでした。

速球よりも球速の遅い変化球の方が、投手の手を離れてキャッチャーミットに収まるまで、わずかですが長く時間がかかります。つまり、変化球の時に盗塁を仕掛けた方が少し時間に余裕が生まれるのです。変化球が来るタイミングを知るには投手の癖を観察し、相手の配球を読めばいい。島田さんにコツを教わりながら、盗塁成功率を高める努力を続けました。

配球データを掘り下げていくと、投手や捕手によって生まれる特徴だったり、試合状況やカウントによるセオリーだったり、様々な傾向が見えてきました。自分だけではなく後続打者のデータもじっくり読み込んで試合に臨むようになると、盗塁の成功率はもちろん、打撃の状態も上向いてきたのです。

盗塁のために思って進めた配球の研究が、自分の打席でも応用できるようになったのでしょう。結局、２００１年は盗塁王のタイトルを獲ったばかりか、30本塁打、97打点、打率2割6分1厘と、いずれもそれまでのキャリアハイを記録することができました。

一見すると達成が難しそうな目標も、視点の置き場や考え方を変えて咀嚼《そしゃく》してみると、達成までの道筋が拓けてくる。島田さんから受けたアドバイスのおかげで、僕のビジョンの描き方は大きく幅を広げることになりました。

どん詰まりのヒットを称える「金森理論」

プロ5年目にしてようやく自信が持てるようになった僕は、改めて「トリプルスリー」の達成に取り組みたいと思うようになりました。打撃のレベルを一段も二段も引き上げたい。そう考えていた僕に新たな価値観を与えてくれたのが、打撃の師と仰ぐ金森栄治《かなもりえいじ》さんです。

金森さんはクリーンヒットよりも、どん詰まりの当たりがヒットになる時の方が喜んでくれました。どん詰まりのヒットこそ金森さんの打撃理論の真髄であり、どこかで完璧《かんぺき》な

「金森理論」で打撃成績が飛躍的にアップ

クリーンヒットを求めていた僕にとって目から鱗《うろこ》が落ちる価値観だったのです。そもそも、クリーンヒットはそう簡単には生まれません。年間安打数の半分近くは、詰まったりスライスしたり、決していい当たりとは言えないもの。つまり、打ち損じを1本でも多くヒットにできれば、打率はアップするわけです。

打ち損じとはバットの芯《しん》でボールを捉えられなかった時に起こるもの。基本的には球種は何であれ、球威に押されて力負けしているので凡打になるものです。それをヒットにするコツは、手元に引きつけたボールをバットで押し戻すイメージで打ち返すこと。窮屈な体勢でバットを振ることになるため、体幹の強さが求められる打法です。

打席で構えた時、ボールを投手寄りの前で捉えるよりも捕手寄りの後ろで捉えた方が、バットに乗せて押し出す形となり、体の回転も加わって大きな力が伝わります。すると、打ち損じたとしても力のある打球が飛ぶので、内野手の頭を越えるヒットになるのです。

また、ボールを呼び込んでから捉えると、野手が打球方向を判断しづらいという利点も生まれます。野手はバットにボールが当たると同時に打球方向を予測して動き出すので、前よりも後ろで捉える打者の時は一瞬判断が遅れてしまうのです。すると、打球がグラブの先をかすめて抜けたり、野手の動きとは逆方向へ飛んでいったり。僕が守りづらさを感じていた和田一浩さんもまた、金森さんの教え子でした。

実は僕が金森さんの指導に興味を惹《ひ》かれたのは2002年、西武と対戦した時に和田さんやアレックス・カブレラが通常よりも捕手寄りにティーを立てて練習するのを見たことがきっかけでした。「なぜだろう?」と思いながらも理由を聞く機会がなかったのですが、翌2003年のこと。西武の打撃コーチを辞した金森さんが、スコアラーとしてダイエーにやってきたのです。

春季キャンプでティーの置き場所について質問したことをきっかけに、スコアラーの仕事の合間を縫いながら打撃について語り合い、根気強く練習に付き合ってくれました。ボールを捕手寄りの位置で捉える金森理論は、振り遅れた結果ではなく、意図的に反対方向へ強い打球を飛ばそうというもの。金森さん曰《いわ》く、そもそも捕手寄りで捉える打撃をしていたという僕でも、ぎこちなさがなくなるまでかなりの時間が必要でした。

試行錯誤を続けた2003年は、終わってみれば打率3割4分。前年の2割5分9厘から飛躍的にアップし、目標だった3割を大きく超えたのです。この年は175安打を記録しましたが、やはりクリーンヒットは半分もありませんでした。打ち損じがヒットになれば3割に届くという金森さんの発想は、目的達成の道筋はいくつもあるということを教えてくれたのです。

ビジョンを変えた二塁へのコンバート

もう一人、僕の視野を広げてくれた人がいます。僕が入団した年に二軍野手育成コーチだった森脇浩司《もりわきひろし》さんです。

2000年の秋季キャンプでのことでした。一軍内野守備・走塁コーチとなっていた森脇さんに、遊撃から二塁へのコンバートを提案されたのです。小学生の頃から守り続けている遊撃に愛着があり、何より遊撃の守備に自信があった僕は正直、戸惑いました。ただ、森脇さんの考えを聞くと、挑戦しようという思いがわき上がってきたのです。

少し先の野球界を見据えた時、本拠地・福岡ドームのように広い球場が増えるであろうこと、選手の身体能力が上がりアスリート化が進んでいる現状などを考えると、一塁ベースと二塁ベースの間に位置する二塁手が失点を防ぐカギを握るというのです。さらに、遊撃を守り続けてきた僕は、一塁ベースのある左方向に重心が偏りがちであることを指摘されました。この偏りを改善するためにも、左右両方向に意識を置いて動く二塁を守るといいだろう、とアドバイスしてくれたのです。

　今となっては、この二塁コンバートには感謝しかありません。重心の偏りが改善されてボディバランスが整うと、守備の動きがスムーズになり、グラウンド全体が視野に入るようになりました。打撃でも体が投手寄りに突っ込まなくなり、ボールを引きつけて打ちやすくなったのです。二塁を守るようになってから怪我が減ったのも偶然ではないでしょう。

　守備の花形とも言われる遊撃に比べると、二塁は地味なポジションです。でも、練習を重ねれば重ねるほど、二塁の守備がいかに複雑で難しいものなのか、痛感せざるを得ませんでした。同時に、その奥深さに「極めたい」という好奇心が刺激されたのです。

　二塁手としての一歩を踏み出してから4年後の２００５年、僕はメジャーリーグに移籍します。驚くような守備の名手がひしめく舞台に上がっても、僕の二塁守備が高い評価を受けたのは、森脇さんと過ごした日々があったから。２００1年に盗塁王となった頃から、アトランタオリンピックで対戦したアメリカ代表のトロイ・グロースやクリス・ベンソン、コッツエーらの活躍をメジャー中継で目にするようになると、おぼろげに抱いていたメジャーでプレーしたいという思いは次第に目標へと変化。森脇さんに助言をもらいながら、メジャーで通用する守備を意識して練習を重ねていきました。

プロとしての基礎を築いたダイエー時代。僕が課題解決に苦しんだり、殻を破るヒントを必要としたりした時には必ず、恩師と慕う王監督をはじめ、島田さん、金森さん、森脇さんの姿がありました。そして、僕の視野が広がるような新たな視点や価値観をもって、導いてくれたのです。決して強制することはなく、選択肢を提案し、僕に考えさせ、選ばせるというスタイルは、後に僕が監督として育成のビジョンを描く際、大きな参考となりました。

さらなる成長と刺激を求めてメジャーの舞台へ

２００４年オフ、僕はダイエーから自由契約となり、メジャーリーグへの移籍を目指すことになりました。万年Ｂクラスだったチームは5年間で二度の日本一に輝く常勝軍団へ劇的に変化。その過程を大きなうねりのど真ん中で経験した僕は、さらなる成長と刺激を求められる場として、世界のトップがひしめくメジャーでのプレーを目指したのです。

１９９５年に野茂《のも》英雄《ひでお》さんがロサンゼルス・ドジャースに入団して以来、毎年のように日本人投手が海を渡りました。２００１年には初の日本人野手としてイチローさん（シアトル・マリナーズ）と新庄剛志《しんじょうつよし》さん（ニューヨーク・メッツ）がメジャーデビュー。２００2年には田口壮さん（セントルイス・カージナルス）、２００3年には松井秀喜（ニューヨーク・ヤンキース）、２００4年には松井稼頭央（メッツ）がメジャーへ移籍。日本でともにプレーした野手たちやアトランタオリンピックで対戦した海外選手の活躍をテレビ中継で見る機会が増え、遠い世界だったメジャーを身近に感じるようになっていました。

僕もまた、「トリプルスリー」こそ未達成でしたが、二度の盗塁王、打率3割超え、二度の日本一を経験したことが自信となり、新たな舞台に挑戦したい衝動に突き動かされたのです。そんな僕を熱心に誘ってくれたのがシカゴ・ホワイトソックスでした。

ご存じの通り、ホワイトソックスでは移籍1年目にワールドシリーズで優勝するという最高の経験をしました。アストロズを4連勝で下して摑《つか》んだ頂点です。歓喜のシャンパンファイト、そして88年ぶりの世界一にシカゴ中が沸いた優勝パレードは今でも鮮明に覚えています。

最高の形で終えたシーズンではありましたが、僕にとっては我慢の年でもありました。ヒットを打ちたい、盗塁したいという自分の欲をグッと堪《こら》え、慣れない2番打者としてチームを勝利へ導く打撃に徹したのです。

心を軽くしたギーエン監督の言葉

就任2年目のオジー・ギーエン監督は、選手個々のパワーやスキルに頼るメジャー流の戦い方ではなく、より日本流に近い「スマートボール」と呼ばれる緻密《ちみつ》な全員野球を目指していました。走者が出ればバントや進塁打で先の塁へ送り、後続のヒットで確実に1点をもぎ取る。その重要な「つなぎ役」でもある2番打者に抜擢《ばってき》されたわけですが、ダイエー時代に任されていたのはクリーンナップの一角である3番です。バントや進塁打を意識して打席に立った経験はほとんどありませんでした。

もちろん、選手に求められているのは、大前提である優勝に向けてチームの勝利にどれだけ貢献できるか。自分の役割を果たそうとチームのために進塁打を重ねても、結果的には凡打として記録に残り、打率はどんどん下がるだけ。日本球界では数字には残らない貢献も評価してくれますが、成績がすべてのメジャーでは評価が下がる一方なのではないか。僕の心の中には不安とも葛藤とも言えない思いがくすぶっていました。

シーズン半ばのある日、シカゴの地元紙でギーエン監督のコメントが紹介されていました。

「チームのために自分を犠牲にして何でもやってくれる。私にとって今年のＭＶＰはイグチだ。彼がチームを変えてくれた」

縁の下の力持ちに徹した努力が報われた思いがしました。素直に「良かった、見ていてくれたんだ」、と思ったのです。考えてみれば、打線のつなぎ役を任される打者がどんな気持ちで送りバントや進塁打を決めていたのか、僕に欠けていた視点を知る貴重な経験にもなりました。

ギーエン監督はその後も、そして今でも「私にとって２００５年のＭＶＰはイグチだ。スーパースターはいらない。大切なのはチームを思ってプレーできる好選手だ」と言い続けてくれています。ただチームの頂点に立っているだけではなく、選手をしっかり観察し、細かいところまで目の行き届く監督だからこそできる心遣いなのでしょう。

心遣いとメリハリを教えてくれたギーエン監督

僕が監督になった時、大いに参考にさせてもらったのが王監督、そしてギーエン監督でした。ギーエン監督がどんな人物なのか、少し紹介したいと思います。

ベネズエラ出身の元遊撃手で、1990年の日米野球にはメジャー代表として来日した親日家です。尊敬する選手はサダハル・オウ。監督室よりクラブハウスで選手やスタッフらと会話する時間の方が圧倒的に長く、ジョークが大好き。時に正直すぎる発言が問題になることもありましたが、それを上回る愛嬌《あいきょう》の持ち主で、自らチームにポジティブな雰囲気を作り出していました。僕のことは「グーチ」と呼び、僕は「オジー」と呼んでいます。

オジー自身、ベネズエラから渡米してメジャーまで積み上げた過程には、言葉や文化など様々な苦労があったようです。だからこそ、日本からやってきた僕に目を掛けてくれたのかもしれません。僕が現役引退した時はわざわざ動画メッセージを寄せてくれました。動画は満面の笑みを浮かべたオジーが「スミマセーン」と切り出してスタート。僕がシカゴにいた頃、通訳を介さずにコミュニケーションを取りたいと買った日本語学習教材で、

ホワイトソックス時代はギーエン監督の下、ワールドシリーズを制した

最初に覚えた言葉が「スミマセン」だったのです。

誰彼なくフレンドリーに接するギーエン監督ですが、仕事にプライベートは持ち込まない毅然《きぜん》とした態度をとっていました。野球のことになるとジョーク好きの顔は消え、真剣かつ真摯な姿勢で取り組む。このメリハリは王監督と通じるものがあり、僕も持っていたいと思う監督としての資質です。

トレードで得た新たな仲間と刺激

メジャーで過ごした4年は、野球選手として、そして人としての深みを増す時間になりました。日本でプレーし続けていれば、シーズン途中のトレードや戦力外通告を経験することはなかったでしょうし、ベテランになるまで控えに回る経験もなかったでしょう。確かに、経験した当初はプライドが傷つけられ、自分の価値すら疑ったこともあります。ただ、その痛みを知ると知らないとでは、その先の未来に広がる景色はまったく違うものになるでしょう。

契約延長の話を始めようとした矢先に起きた2007年の電撃トレード。骨折したフィラデルフィア・フィリーズの正二塁手チェイス・アトリーの代役として求められているというのです。シカゴが大好きでしたし、ホワイトソックスでずっとプレーしたいと思っていたのに、「お前は不要だ」と言われた気がして涙が流れました。この時はまだ、メジャーにおけるトレードの意味を理解していなかったのです。

トレードされた夜、親しくしている寿司《すし》屋の大将に「優勝するために井口が必要だって言われるなんて最高だろ。認められた証拠だ」と尻《しり》を叩《たた》かれました。その通り、日本のネガティブなイメージとは違い、メジャーではトレードされるのは価値を認められた選手であり、むしろポジティブなこととして捉えられていたのです。

フィリーズでは元近鉄などのチャーリー・マニエル監督が両手を広げて迎え入れてくれ、アトリーの戦列復帰後、僕が控えに回っても「うちには最高の二塁手が2人いる」と評価し続けてくれました。新たな仲間は、前年に本塁打王と打点王に輝いたライアン・ハワードや2008年ワールドシリーズMVPのコール・ハメルズら若くて勢いのある選手たち。彼らと繰り広げる優勝争いではホワイトソックスの時とは違った刺激を味わえました。

マニエル監督、そしてパット・ギリックGMがどれほど高く評価してくれていたのか。それを痛感したのが2008年、サンディエゴ・パドレスから戦力外通告を受けた時です。

6月に右肩を脱臼《だっきゅう》した僕は2か月後に戦列復帰したものの調子が上がらず、シーズン最終盤の9月1日に戦力外となりました。その数日後、掛かってきた電話の主はマニエル監督とギリックGMでした。優勝争いを制するために必要な戦力だと言ってくれたのです。

地区優勝したフィリーズはポストシーズンを勝ち上がり、ついにはタンパベイ・レイズを下してワールドシリーズで優勝を遂げたのです。しかし、僕が戦力になれたのはレギュラーシーズンの最後の1か月だけ。期限後の9月に加入したため、ポストシーズンの出場資格がなかったのです。それでも、選手たちの総意で「一緒に戦った仲間」としてチャンピオンズリングを届けてくれたことは、大きな誇りとなっています。

球団経営やチーム編成……メジャーで広がった興味

そのオフ、僕はメジャーを離れて日本球界へ戻る決断をしました。メジャーで過ごしたのは4シーズン。引退する前にいつか日本へ戻ろうと思っていたものの、できるだけ長く、最低でも6シーズンはプレーしたかったのが本音です。実は、2007年オフにフィリーズから三塁手として複数年契約のオファーが届きましたが、二塁手へのこだわりが強く、お断りした経緯がありました。予定よりずいぶん早い日本復帰になったと思います。

通算打率２割６分８厘、44本塁打、２０５打点、48盗塁という成績は、良くもなく悪くもなく「並」でしょうか。パドレスで肩を怪我して思うようにプレーできなかったことに悔いが残りますが、４年でチャンピオンズリング２個は上出来です。

日本とは違う価値観の野球を肌で感じた日々は、僕にとって大きな財産となりました。選手層が厚く、入れ替えの激しいメジャーでは、怪我で試合を休もうものならすぐに居場所を奪い取られます。実績のあるベテランやタイトル保持者であっても立場が保障されることのない実力社会。日本では試合に出られることが当たり前になっていた僕は、マイナーリーガーや中南米出身の選手が持つギラギラした目を見ると、自分の甘さを指摘されたようで背筋が伸びる思いがしました。

また、メジャーリーグがスポーツという枠を超え、一つのエンターテインメント、一つのビジネスとして成り立っている様子を目の当たりにしたことで、球団経営やチーム編成にも興味を惹かれるようになりました。フロントオフィスやGMは優勝までのビジョンをどのように描きながらチームを編成していくのだろうか。いつの日かGMとして理想のチームを作り上げたい、という新たな目標が将来のビジョンに加わったのも、メジャーで過ごした時間があるからこそです。

過渡期のロッテで5年ぶりの日本復帰

２００９年、僕はロッテで5年ぶりとなる日本球界復帰を果たしました。古巣でもある福岡ソフトバンクホークスや巨人をはじめ、複数の球団からお誘いをいただきましたが、両親が住む東京からも近く、過渡期にあるチームがどう変化するのか興味を惹かれたロッテを選びました。

この年のロッテは少し特殊な状況にありました。２００４年から指揮を執り、その翌年には日本一を摑んだボビー・バレンタイン監督が、シーズン終了後に退任することが決まりながら開幕を迎えていたのです。バレンタイン監督とフロントオフィスの反りが合わず、ファンも巻き込んだ騒動となっていました。

「なんとかチームを変えてほしい」。契約時に伝えられた言葉です。日本一となった２００5年もペナントレースは2位。１９７４年を最後にレギュラーシーズンを1位で終えたことがなく、Ｂクラスがほぼ定位置でした。勝てるチームになることは決して簡単ではありません。ただ、ダイエー時代に勝てるチームに成長する直中《ただなか》にいた僕は、あの感覚をロッテでも味わいたいと思ったのです。

春季キャンプでチームに合流してみると、僕はデジャヴにも似た感覚を覚えました。どこかで見たことがある光景、どこかで感じたことのある雰囲気。そう、１９９７年のダイエーで味わったのと同じ感覚だったのです。勝ちに対するこだわりも、負けに対する悔しさも希薄。「これでは勝てない」というのが正直な感想でした。

まず、驚いたのは練習量の少なさです。バレンタイン監督が取り入れた〝メジャー流〟が正しく解釈されていなかったのか、そこにあったのは僕がメジャーで経験した取り組みとはまったく違ったもの。自主性に任される練習時間を有意義に使っている選手はほとんどいませんでした。自分で考えながら練習に取り組んでいたのは、福浦和也くらいでしょうか。

シーズンが始まれば、試合中にもかかわらず、攻撃時はベンチにほとんど人がいません。守備から戻ったその足でロッカールームへ行き、自分の打順が来るまでくつろいでいるのです。どうしてもロッカールームへ行かなければならない時もあるでしょう。でも、野球はチームスポーツです。個々の成績が良くても、チームが優勝しなければその価値は薄れてしまいます。生え抜きのベテラン選手がロッカールームへ姿を消すのを横目に、僕はダグアウトのど真ん中に座ってグラウンドに向かって声を出し続けました。

アーリーワークで火がついた西岡剛のやる気

メジャーは練習時間が短いと思われています。確かに春季キャンプで行う全体練習は2〜3時間ほどですが、それ以外の時間を使って選手はそれぞれ自主性を持って課題に取り組み、熱心に練習に励んでいるのです。クラブハウスには朝6時前から続々と選手がやってきて、自分に必要なストレッチやマッサージ、ウォーミングアップを行い、トレーニングやティー打撃、投球プログラムなどを実施。一通り汗を流した後、全体練習がスタートするのです。

僕もメジャーで過ごした4年はシーズン中もアーリーワーク（早出練習）に取り組みました。続けていくうちに気付いたのが、若手・ベテランにかかわらずチームの主力選手ほど練習熱心だということ。ホワイトソックスで一緒だった通算612本塁打の大打者ジム・トーミは雑談する時ですら手にバットを握っていましたし、４年連続でサイ・ヤング賞に輝いた通算３５５勝のグレッグ・マダックスは登板翌日に黙々と走り込んでいました。日々積み重ねた練習がスター選手を生み出したのです。

ロッテに加入後もアーリーワークを続けました。もちろん自分が成長するための練習ですが、僕の姿を見た選手が何かを感じ、後に続いてくれれば、という期待もありました。特に感じてほしかったのが、二遊間を組む西岡剛《にしおかつよし》でした。

この年、プロ7年目の25歳。日本代表としてワールド・ベースボール・クラシック（WBC）や北京オリンピックを経験し、盗塁王にも二度輝いていました。身体能力が高く、華のあるスター選手でしたが、野球に取り組む姿勢は決して褒められたものではありませんでした。裏を返せば、中途半端な取り組みでも結果が残せるだけの才能を持っていたのです。才能を十二分に生かす姿勢が備わればスーパースターになれる。そう思いました。

キャンプからキャッチボールのパートナーとなり、練習でも食事に行った時もいろいろ話をしました。ある日、「なんで朝早くからウエートをやってるんですか？」と聞かれた僕は、「とりあえず来てみろよ」とアーリーワークに誘ってみたのです。

最初はその場に来ただけで何もしなかった西岡ですが、次第に居心地が悪くなったのでしょう。渋々ながらベンチプレスに挑戦したものの、ウエートが全然上げられない。「最初はそんなもんだよ。続けるうちに持ち上げられる」と言うと、できない恥ずかしさもあったのか、翌日からトレーニングルームの常連になったのです。

若手選手のリーダー的存在でもあった西岡がウエートトレーニングやアーリーワークでの特守などに取り組むようになると、1人、2人と後に続く選手が増えてきました。何かが変わり始めていたのです。

史上最大の下剋上

2010年になるとバレンタイン監督の下、ヘッドコーチとして選手とのパイプ役を務めていた西村徳文《にしむらのりふみ》さんが新監督に就任しました。チームスローガンに掲げたのは「和」。それまでの経緯、そして西村監督の人柄を考えると、これほどピッタリなスローガンはなかったでしょう。

新体制となったチームは、開幕前の下馬評に反して好スタートを切りました。交流戦を迎える頃には怪我人が続出して勢いは半減しましたが、ペナントレースはなんとか3位に滑り込んでクライマックスシリーズ（ＣＳ）に進出。すると、ここから快進撃が始まったのです。

ファーストステージは西武を2連勝で撃破。ファイナルステージではソフトバンクを相手にアドバンテージを含む1勝3敗と追い詰められるも、第4戦から3連勝で逆転勝利。日本シリーズでは中日を4勝2敗1分で下し、5年ぶり3度目の日本一となったのです。２００７年にＣＳが始まってから3位のチームが日本一になったのは初めてのこと。「史上最大の下剋上《げこくじょう》」は大フィーバーとなりました。

この時、負けたら終わりという短期決戦で、チームが見せた集中力の高さは凄《すさ》まじいものがありました。２００５年に2位から日本一になったこともあり、「ロッテ＝下剋上」というイメージが浸透。チーム内でも「俺たちには下剋上がある」という雰囲気が生まれました。後ほど詳しくお話ししますが、僕はこの「下剋上」という言葉が好きではありません。はっきり言えば嫌いです。下剋上があるという、どこか心の保険にも似た思いが、この後にチームが低迷する最大の理由だったと思うからです。

下剋上から一転、翌年はリーグ最下位に終わったチームは、そこから試練の時を迎えます。２０１３年には西武の黄金期を支えた名捕手、伊東勤さんが新監督に就任。たびたび

CSに駒を進めるものの、リーグ3位の壁は破れませんでした。

貫いた「チームのために戦う姿勢」

ロッテで選手として過ごした9年間、僕が貫いたのがチームのために戦う姿を示し続けることでした。高い年俸をいただき、職業として野球をやらせてもらっているのです。多少体が痛くても、状態が100%万全ではなくても、球場に観に来てくれているファンや遠方から応援してくれるファンのために最大限の準備をして試合に臨むのがプロ。ダイエー時代に王監督や秋山さん、工藤さん、小久保さんら大先輩から教えていただいた心構えを、ロッテの選手たちに伝えたかったのです。

ただ、僕は後輩にあれやこれやと言うタイプではありません。だからこそ、ポジションが二塁から一塁、そしてDH（指名打者）、代打へとチーム内の役割が変化しても、練習を重ねて試合に臨む姿勢、チームの勝利を第一に全力でプレーする姿勢を貫きました。ベテランになっても勝利に貪欲《どんよく》で、積み上げる努力を欠かさない姿を示し、それを見た若手選手が大切なことを学び取ってくれればいいと感じていたからです。

代打での途中出場が増えるようになってからは、それまでとは違った視点から試合が見えるようになりました。守備に就いていると打者や打球から目を離せませんが、ベンチにいると選手一人一人の表情や相手ベンチの様子、代打や継投を決めるベンチ内でのやりとりなどが、つぶさに分かるのです。

隣に座った若手選手に「次は何が来ると思う?」「ゴロに打ち取りたいはずだから、その前に直球を一つ挟むはず」といった具合に配球のセオリーを教えながら、視界の端では監督・コーチと他の選手とのやりとりを捉える。なるほど、あの選手はもう少し早いタイミングで代打の可能性を伝えてほしいんだな――。この選手は少し気持ちが空回りするから、伝え方に気を付けた方がよさそうだ――。自分だったらもう一つ前のタイミングで投手交代しただろう――。現役最後の3シーズンほどは新たな視点から試合全体を俯瞰《ふかん》し、野球への学びを深める時間となりました。

「トリプルスリー」
「2000本安打」
「40歳まで現役を続ける」

プロ野球選手になった時に掲げた三つの目標です。「トリプルスリー」には届きませんでしたが、2013年7月26日には、この年に24勝を挙げた東北楽天ゴールデンイーグルスの田中将大《たなかまさひろ》から左翼へソロ本塁打を放って日米通算となる2000本安打を記録。2017年9月24日の引退試合には42歳9か月で臨み、40歳まで現役の目標を達成しました。

現役時代を振り返ると、当初思い描いたようなビジョン通りに進まなかったことは多々ありますし、目標に向かって邁進《まいしん》する道のりで新たな世界や価値観と出会い、ビジョンを描き直したこともあります。プロの世界で生き残ることに必死だった駆け出しの頃、試合はもちろん野球界を広く捉える視野が備わり、自分の経験を若手に伝えていくようになったキャリア晩年。自分の立ち位置や役割は少しずつ変化しましたが、軸として変わらなかったことが一つ。それが「優勝のため、チームのためにプレーする姿勢」でした。先にも記しましたが、やはり野球はチームスポーツ。優勝や勝利を一人で掴むことはできません。関わる全員が同じ目標に向かった時、チームとして大きな力を発揮することになるのです。

幸いにも僕は、キャリアを終えるタイミングを自分で決めることができました。怪我であったり戦力外通告であったり、野球選手の多くは辞めざるを得ない状況に立たされ、望

引退試合の９回裏、右中間スタンドに同点２ランを打つことができた

まざる引退を決意しなければなりません。自分で引退を決められるのは幸せなことなのです。

２０１７年６月、シーズン中に行った引退発表は、当時リーグ最下位に沈んでいたチームの起爆剤にしてほしいという思い、そしてユニホームを脱ぐその日まで全力プレーを続け、ファンをはじめ、僕のキャリアに関わったすべての人に対する感謝の意を伝えたいという思いが込められていました。敵地でも晴れやかな笑顔で送り出してもらったことは深く心に刻まれています。

そして何より、引退試合の9回、キャリアを通じて追い求めてきた右翼方向への強い打球が右中間スタンド中段に飛び込む同点2ランとなったことは、ロッテファンの皆さんへ贈る最高の惜別メッセージになったのではないでしょうか。同時にあの一発は、野球の神様から僕に届いた「21年間、お疲れ様」という労《ねぎら》いだったのかもしれません。

第３章

環境整備と意識改革

監督としてのビジョン①

IGUCHI VISION

原点回帰で決めた監督就任

引退試合からわずか20日後の２０１７年10月14日、僕は千葉ロッテマリーンズの監督就任記者会見の壇上にいました。２０１８年から新監督としてチームの指揮を執ることになったのです。

前任の伊東勤監督が退任を表明した後の8月下旬、球団から内々に監督就任のオファーをいただきました。いつかは監督になりたいという思いは持っていましたが、国内外で指導者としての経験を積み上げる方が先だと考えていましたし、少しゆっくりした時間を過ごしたい気持ちもありました。何よりも引退試合のことで頭がいっぱいだったので、この時は引退直後の監督就任は少し現実味に欠ける話だと思っていたのです。

国内の他球団からもお誘いいただく中、やや気持ちが傾いていたのはメジャーリーグでのコーチ修業を含め、世界の野球を知るための時間を過ごすことでした。実際、引退会見後にはメジャー時代に所属したホワイトソックスのオーナー、ジェリー・ラインズドルフ氏から連絡があり、「コーチ修業をしたいなら、いつでもいらっしゃい」という有難い言葉をいただいていました。日本で引退試合を終えた後、ホワイトソックスのホーム最終戦に招かれ、引退セレモニーとして始球式の舞台を用意してくれたのです。2005年ワールドシリーズ制覇のメンバーとして、今でも大切な仲間だと思ってくれることには感謝の気持ちしかありません。

ロッテからのオファーについて、真剣に考え始めたのは引退試合が終わった後です。山室晋也球団社長から伝えられたのは「チームのことを誰よりも分かっている、君に再建を託したい」という思いでした。

確かに、当時のチーム状況を一番良く理解しているのは僕だろうという自負はありました。現役最後の3シーズンは控えに回る機会が増えたので、ベンチで試合を見ながら「自分だったらここで代打を使いたい」「もう一人早いタイミングで中継ぎを投入したらどうなっていただろう」など、勝負の流れをシミュレートしていたのです。すると、チームが抱える課題や改善すべき点が浮き彫りになって見えてきました。

また、選手たちとは長らくチームメートとしてともに時間を過ごしてきました。さらに、試合中にベンチで会話する機会も増え、それぞれの性格や野球に対する姿勢への理解が深まったとも感じていました。だからこそ、チーム状況をまったく知らない外部の人より、僕が監督になった方が様々な面で理に適《かな》っているように思えたのです。

言うまでもなく、数多くいる候補者の中からチーム再建を託す人物として僕を指名してもらえたのは、野球人冥利《みょうり》に尽きること。ただ、指導者経験ゼロの自分にいきなり監督という大役が務まるものか——。さすがに頭を悩ませました。

こうして迷った時こそ、原点回帰です。高校、大学、プロ野球、日本球界復帰という人生における重要な帰路に立った時、僕は自分たちの手で未来を切り拓《ひら》き、作り上げる楽しさを感じられる環境を選択してきました。今、目の前にあるロッテというチームは、大鉈《おおなた》を振るい、ゼロから作り直す必要に迫られているのです。自分たちの手で描ける未来があるのです。心は決まりました。

「お受けします」

新米監督の誕生です。

「来年以降、しっかりとマリーンズを常勝球団にさせていくために全力で頑張っていきたいと思います」

僕が就任会見で誓った言葉です。同時にこれが、監督として描くビジョンの核となりました。一度でも優勝することは大変ですが、次の優勝まで20年も30年もかかってしまっては意味がありません。3年後、5年後、10年後、常に優勝争いに身を置くチームとなるための基礎を作り上げること。それが僕の使命だと考えました。

常勝軍団となるために、まず取り掛からなければならないことは何か。そう考えた時、真っ先に浮かんだのが「環境整備」と「意識改革」でした。現役選手としてプレーする間もずっと、この二つをどうにかしたいと考えていたのです。そこで、僕は監督就任にあたり球団へ二つの要望を出しました。一つは外部からのコーチ招聘《しょうへい》を認めてほしいこと、もう一つはチーム強化のために球団も本気になってバックアップしてくれること、です。

常勝軍団を目指しロッテの監督に就任

ガラケー並みに他球団から後れをとった練習環境

まずは「環境整備」の第一歩として、球団に練習環境の改善を強く希望しました。就任当時はとにかく設備が古く、大学や社会人の方がいい施設で練習をしていたくらいです。当然、ソフトバンクや楽天などIT系の企業が親会社となり、潤沢な資金を投入して最新設備を整える球団の足元にも及びませんでした。

例えば、ZOZOマリンスタジアムに隣接する屋内練習場にエアコンが設置されたのは2019年です。それまでは30度を超す真夏にエアコンもない屋内で練習していましたが、これは苦行以外の何ものでもありません。試合前からすでに体力を消耗してしまっている状態。そこから屋外の球場で試合をしようというのだから、シーズンを通じて快適なドーム球場を本拠地とするチームに比べると、厳しい条件と言わざるを得ません。

データ化・デジタル化の波にも大幅に乗り遅れていました。他球団が続々とトラックマンやホークアイといった動作解析システムを導入し、選手のパフォーマンス改善に着手する中、監督に就任した2018年当時のZOZOマリンスタジアムには中継用のカメラが

5〜6台設置されていた程度。試合後にビデオ室で自分の打席の映像を見直すために拡大再生すると、画素数が少なすぎて映像が粗くよく見えないという有り様です。他球団がスマホだとすれば、ロッテはまるでガラケーでした。

試合後の球場では食堂にわずかな食事しか用意されていなかったり、若手選手が暮らす選手寮では休日は食事が提供されなかったり、風呂《ふろ》に入れる時間が決まっていたり。細かなことを並べたらキリがなくなりますが、要は試合をする以前の環境から大きなハンデを背負っている状態だったのです。まずは選手が高いパフォーマンスを発揮できる環境をしっかり整え、スタートラインに立つ必要がありました。

どうしてこうなったのか。それはロッテが「お金をかけず、質素倹約でも勝てる」という方針で球団を運営していたからです。確かにコストパフォーマンスよく優勝することもありますが、限界はあるし、長続きはしません。何年にもわたり優勝争いをする常勝軍団を作るためには、適切な設備投資は必要不可欠です。

僕にとってラッキーだったことは、監督就任から4か月後の2018年2月、河合克美さんがオーナー代行となり、その翌年には球団社長も兼任するようになったことです。広告業界を経て、ロッテ本社でもマーケティングに従事なさった河合さんは、勝つチームを作るためならば多少の出費は厭《いと》わないという考えの持ち主。選手たちがいかに過酷な環境の中で勝負しているのかを理解し、率先して環境整備に乗り出してくれました。

今では屋内練習場にエアコンがつき、球場にはトラックマンが設置され、球場や選手寮では管理栄養士の指導の下、選手はいつでも栄養バランスを考えた食事が摂《と》れるようになりました。2021年には選手全員にタブレットが支給され、いつでもどこでも対戦相手のデータや自分の投球フォーム、打撃フォームの動画などが確認できます。今ではハード面での環境はかなり整備されました。

必要だった外部からの新たな〝声〟

もう一つ「環境整備」として取り組んだのが、監督である僕が思い描くビジョンを球団全体として共有することでした。コーチ、選手、スタッフら現場の人間はもちろん、フロントオフィス、球団職員などロッテに関わるすべての人が同じ方向に進んでいかなければ、常勝軍団を作るという大きなタスクは成し遂げられません。

僕はまず、毎年のように優勝争いをする体力を持ったチームを作るために、外部からコーチを招聘し、新たな〝声〟を響かせる必要があると考えました。

それまでのロッテはコーチやスタッフの大半が球団ＯＢで、ロッテの伝統を脈々と継承していました。でも、現実を見ると、最後にレギュラーシーズンを1位で終えたのは１９７４年。僕が生まれた年です。その後、２００５年に日本一になりましたが、あの時はシーズン2位。２０１０年は、ご存じの通り、3位からの「下剋上《げこくじょう》」でした。

もう40年以上もペナントレースに勝てていないのだから、何か変化が必要です。日本の場合、選手のトレード移籍が少ないので、プロの門を叩《たた》いたチームでキャリアを全うすることが多く、他のチームがどんな練習をしているのか、どんなアプローチをしているのかが分からない、ということは珍しくない。つまり、ロッテしか知らないＯＢがコーチになれば、ロッテ流しか伝えることができません。だからこそ、他球団での経験を持つ人物をコーチとして招聘し、チーム内に新たな視点、新たな声を取り入れて、変わっていかなければならないと考えたのです。

僕自身はダイエー、ロッテ、そしてメジャーでは3球団でプレーできたおかげで、いろいろな野球があることを知り、それぞれの違いに触れ、野球人としての引き出しが増えたと感じています。だからこそ、他球団でプレーした経験を持つコーチを招き入れることで、ロッテ一筋を貫いてきたコーチやスタッフにも新たな気づきや刺激が生まれることを期待したのです。

少し話は逸《そ》れますが、僕は21年の現役生活のうち、最長9年をロッテで過ごしました。ロッテならではの良さもあるし、課題もある。監督やコーチをリスペクトしながらも、気付いたことは若手選手たちに伝えていましたし、僕なりの率直な意見をオーナー代行や球団社長をはじめ、フロントオフィスに伝えていました。それが加入時に託された「チームを変えてほしい」という思いに応《こた》えることだと考えたからです。

僕の現役最後となった2017年、チームはレギュラーメンバーが固定できず、誰をどこに当てはめればいいのか分からない状況でした。全試合に出場したのはキャプテンの鈴木大地（現・楽天）くらいで、チームの軸となるべき選手がいなかったのです。強いチームはメンバーを固定できるというのが定説です。ピースが揃わないロッテがリーグ最下位だったのも当然の結果と言えるでしょう。勝つことにも、勝てないことにも、必ず理由があるものです。

　ロッテで過ごす時間が長くなるにつれ、勝てない理由は一時的に発生したものではなく、長い年月をかけて積み重なった根深いものだという考えは、確信へと変わりました。これを取り除くには、一人の力では限界があります。どんなアプローチを取るべきか考えた時、大いに参考にさせてもらったのが、弱小球団だったダイエーを常勝チームに変えた王貞治監督でした。

　僕が入団したのは王政権の3年目。チームは徐々に変わりつつありましたが、依然として勝負に対するあきらめが早く、負け癖は色濃く残っていました。その中で勝利に対する執着心を剝《む》き出しにして、泥臭く1勝を摑《つか》もうと奮闘したのが王監督であり、秋山幸二さん、工藤公康さんら移籍してきた新たな〝声〟でした。勝ちにこだわり、負けを悔しがる。そんな当たり前が徐々にチームに浸透し、ついには1999年、35年ぶりの日本一を摑み取りました。

　ただ、この変化は王監督一人でも、秋山さん一人でも、工藤さん一人でも実現することはなかったでしょう。ビジョンを理解してくれる仲間がいたから、困難を乗り越え、前に進むことができたのです。僕にはロッテの置かれた状況が、この時のダイエーとデジャヴのように重なって見えました。

ヘッドコーチと二軍監督を託した信頼を置く二人

コーチの陣容を考えた時、全コーチを統括するヘッドコーチ、そしてファームを一任する二軍監督は、僕が信頼を置く人物に任せたいと思いました。前年までのロッテはお世辞にも一軍とファームの連携が取れていたとは言えません。それぞれ別の方針で運営されているチームのようでもありました。これでは選手が迷います。チーム一丸となって優勝を目指すのであれば、一軍と二軍は同じビジョンの下で運営されるべきですし、そのためにはコーチ・スタッフ一人一人に、僕が持つビジョンを理解してもらう必要があります。そこで、ヘッドコーチを鳥越裕介さん、二軍監督を今岡《いまおか》真訪《まこと》に担ってもらうことにしました。

鳥越さんはダイエー時代に二遊間を組んだ先輩で、前年までコーチとしてソフトバンクを四度の日本一に導いた人物。ロッテに足りない勝者のメンタリティを持っていました。守備のスペシャリストでもあり、遊撃の今宮健太内野手を五度のゴールデン・グラブ賞受賞にまで育てた腕も確かです。明るくポジティブな性格で、少し大人しいロッテの選手たちを鼓舞してもらうためにも、まさに適任。監督になると決めた後、真っ先に電話をしてコーチ就任をお願いしました。でも、当時はソフトバンクのコーチという立場だったので、もちろんすぐにはオーケーしてもらえず。何度も何度も説得を繰り返し、最後に僕が寄り切った形になりました。

今岡は大学時代、アトランタオリンピックを一緒に戦った良きチームメートであり、良きライバル。長らく阪神打線の中核を担っていた男です。現役時代はリーグこそ違えど互いに刺激を受ける存在で、今岡が引退する前の3年はロッテでチームメートになりました。大学の頃から彼が持つ野球観に共感し、野球に対する姿勢に一目置いていたので、二軍を任せるなら今岡しかいないと即決。阪神で二軍コーチをしていましたが、「ぜひに」と声を掛けると快諾してくれたのです。

コーチ・スタッフと共有した常勝軍団になるまでのビジョン

常勝軍団となるためには、まずはどこから手を付けるべきか。チーム全体として目指す方向性や、一軍ではどんな意図を持ってペナントレースを戦うか、二軍ではどんな意図を持って選手を育成するか、僕はこういったビジョンをすべて、コーチ・スタッフ全員と共有した上で、それぞれが責任を持って自分の役割を全うしてほしいと伝えました。

最近ではGMを置くチームが増えましたが、プロ野球では監督が全権を握るイメージが強いと思います。でも、僕は投手のことは投手コーチ、打撃のことは打撃コーチ、選手の怪我やリハビリのことはメディカルスタッフ、トレーニングなど体の状態についてはトレーナーという形で、実務の部分はすべてコーチ・スタッフに任せるようにしていました。こうした専門家たちの意見を集約して、最終的な判断を下すのは監督である僕です。チームに関わるすべての人に、彼らがチームにとって価値と責任を持つ存在であることを感じてほしかったですし、何よりも彼らの専門性をリスペクトしていたからです。

実際、監督をしていた時は毎日、一軍だけではなく二軍の試合映像もチェック。個々の成績や体の状態、出場スケジュールやリハビリスケジュールなどの報告を受けていました。タブレットが導入されてからは、各担当がシステム上に随時レポートを更新していくので、それを隈《くま》なくチェックするという形に変更。それでも二軍監督の今岡とは少なくとも週一度は対面やオンラインで顔を合わせ、チームに所属する全選手の現状と今後の方針を摺《す》り合わせていました。

松中信彦さんには臨時コーチとして打者を鍛えてもらった

外部からのコーチ招聘は鳥越さんと今岡だけではなく、アマ球界での指導経験も持つ金森栄治さん、ソフトバンクで一軍バッテリーコーチをしていた清水将海にもわたり、2年目以降も続きました。シーズンが替わればチームに必要な声も変わります。現監督の吉井《よしい》理人《まさと》さん、森脇浩司さん、木《き》村《むら》龍《りゅう》治《じ》さんにコーチとして加わってもらい、ダイエーで同期入団だった松中信彦さんには春季キャンプの臨時コーチをしてもらいました。

その時に合った声を持つコーチが加わることで、チームの新陳代謝が促されたのではないかと思います。オリックス・

バファローズで監督経験を持つ森脇さんや、コーチとしての経験が豊富な鳥越さんは、その経験や知識を他のコーチに伝えてくれました。森脇さんが一軍野手総合兼内野守備コーチとして加わってくれた2021年の春季キャンプでは、育成守備・走塁コーチだった小坂誠さんや二軍内野守備・走塁コーチの根元俊一《ねもとしゅんいち》が、積極的に教えを乞《こ》う姿が印象的でした。特にロッテの生え抜きで引退後すぐにコーチとなった根元にとっては、ロッテ以外の球団を知るコーチ陣の経験を聞き、アプローチをすることは、本当にいい勉強になったようです。

一掃したかった「下剋上」のイメージ

「環境整備」と併行して取り組んだのが「意識改革」です。誰の意識を変えるのか。それは、選手、コーチ、フロントオフィス、そしてファンの皆さんも含む、チームに関わるすべての人々の意識です。

監督就任後、僕が最初に言ったのは「プロとして当たり前のことを当たり前にできるチームにしたい」ということでした。言うまでもなく、当たり前のプレーを当たり前に完結できなければ、試合には勝てません。つまり、勝てないチームは、当たり前のことを当たり前として対応できないのです。

ロッテでプレーした9年間、僕はたびたび、ロッテの当たり前が世間一般の基準から少しズレていると感じたことがありました。その最たるものが「下剋上」です。

2000年以降、ロッテは日本シリーズを二度制していますが、2005年はシーズン2位、2010年は同3位からの日本一でした。特に3位から巻き返した2010年の快進撃は「史上最大の下剋上」と呼ばれ、大きな話題になったことはご存じでしょう。この時、主力選手としてプレーしていた僕自身ですら、この短期決戦でチームが見せた強さや集中力には凄まじいものを感じていました。

下剋上を起こし、12球団の頂点に立ったことは誇らしいことです。「やっぱりCSに行くとロッテは強いね」と言われると、悪い気はしないでしょう。しかし、選手たちが「CSに行けばなんとかなるかもしれない」と考えることはもちろん、ファンが「ロッテには下剋上がある」と期待することも、僕は間違っていると思うのです。なぜなら、地位が下の者が上の者に打ち勝って権力を手に入れるという意味を持つ下剋上は、ペナントレース優勝を逃した2位以下のチームしか成し得ないことだから。ペナントレースで優勝し、そして日本シリーズで優勝する。これこそが真の日本一だと思うのです。

当然のことながら、優勝を目指さないチームはありませんし、優勝するために選手は日々、過酷なトレーニングや練習を積み重ね、準備をしています。なのに、下剋上というイメージが定着したり、下剋上を売りにしたりしてしまっては「ロッテのリーグ優勝はありません。2位以下のチームです」と言っているようなもの。端《はな》から負けを想定するなんてこんなバカげたことはありませんし、「とりあえずAクラスになれば、CSで何とかなる」という考えを持っているようでは、いつまで経っても優勝には届かないでしょう。

僕が監督に就任する前年、ロッテは球団史上ワーストとなる87敗を記録しました。2010年に日本一となった後も、7シーズンで3位が3回、あとは4位以下のBクラス。日本一を知らない選手が約8割を占めるようになり、負けることに悔しさを感じなくなっているようでした。実にのんびりしたもので、それがロッテの「当たり前」になっているようにも見えました。

例えば、ロッカールームに緊張感はありません。試合が始まる寸前までゲームに興じている選手がいるかと思えば、自分の出番が来るまでは関係ないという様子の中継ぎ投手たちもいる。そして、それを咎《とが》める人もいません。これでは勝てるわけがありません。

こういう状況に陥ったのは、もちろんチームの最年長選手だった僕にも責任の一端はあると思います。チームメートに対してもう少し踏み込んだ言動をしても良かったかもしれませんが、その時は一選手として監督やコーチを差し置くような真似はしたくないという思いが勝っていました。シーズン中に引退を発表したのも、チームの発奮材料にしてほしい思いが理由の一つでしたが、それも届かず。この時の忸怩《じくじ》たる思いが、チームの意識改革に大きく踏み出した原動力でもありました。

勝つチームと勝てないチームは何が違うのか。勝つチームと比較した時、今のロッテには何が足りないのか。現実を客観的に見る目、そして勝者のアプローチを学ぶ必要があります。ここにも外部からコーチを招聘すべき理由があったのです。

選手の意識を変えるには、まずコーチから

選手の意識を変えるためには、まずはコーチの意識を変える必要があります。選手と一

番身近に接し、毎日コミュニケーションを取るのは、監督ではなくコーチです。いくら監督が「狙うのは優勝だけだ」と選手に繰り返し話しても、側にいるコーチが「下剋上がある」と言っていては意味がないし、選手が迷う一因にもなるでしょう。

だからこそ、僕はコーチやスタッフたちとの結束を重視しました。まず彼らに僕が思い描くビジョンやチームとして進むべき方向を明確に示した上で、そのために求められる考え方やメンタリティを理解してもらい、一枚岩となって構える必要があると考えたのです。

当然、全員がすぐに理解してくれたわけではありませんし、途中で想定外の方向へ進み始めるコーチやスタッフもいました。そもそも、球団ＯＢでもある生え抜きコーチの多くは、選手とチームメートだった頃の感覚が抜けきらず、立場が変わっても一線を引くことができませんでした。もちろん、頼れる兄貴分として選手に寄り添うことは大切ですが、時には毅然《きぜん》とした態度で尻《しり》を叩くことも必要です。

言葉を選ばずに言えば、外部から招聘されたコーチとは違い、生え抜きコーチは監督が替わってもチーム内でのポジションを保障されています。プラスの評価がつけば責任あるポジションを任されることになりますが、マイナス評価さえつかなければ現状は維持できる。最も恐れるのは選手に嫌われ、チーム内での居場所を失ってしまうことなので、チームのためにも必要であったとしても選手が嫌がるような言動を避けることが多いのです。
これはチームのためにも、選手のためにも、そしてコーチ自身のためにもなりません。選手にとって大切なのは、何でも肯定するご機嫌とりのイエスマンではなく、成長のために必要とあらば耳に痛い言葉を届けてくれるコーチです。こうした厳しさを持てないのであれば、コーチを辞めて応援団に回るより他ありません。

同じ方向へ進めていないコーチやスタッフがいると感じた時は、監督室や食事の席など、他のコーチやチーム関係者のいない場所で、改めて僕の狙いや思いを説明し、理解と協力を求めました。コーチやスタッフはみんな、野球人として経験や実績を重ねてきたという誇りを持っています。だからこそ、込み入った話になりそうな時は、他の人の目につかないよう配慮していました。

「配慮」という点ではもう一つ、僕は選手にアドバイスや指示を伝える時は必ず、担当コーチを同席させるようにしていました。監督がコーチを飛び越えて直接、選手を指導してしまっては、組織としての骨組みが歪《ゆが》んでしまいます。現場の最高責任者でもある監督にアドバイスを受けたら、たとえそれがコーチと一緒に取り組んでいる内容とは正反対であったとしても、選手は監督に従うしかなくなるでしょうし、コーチの言うことを聞かなくなってしまうかもしれません。

まずはコーチに現状を確認する。そして、コーチを通じてアドバイスを伝えるか、コーチを同席させながら選手に伝えるかを決める。選手が迷わないためでもありますが、僕がコーチに対して抱くリスペクトであり、自分の仕事に対する責任感を持ってもらうためでもありました。

例えば、若手選手が期待通りのパフォーマンスができずにいるのであれば、それは選手だけの問題ではなく、実力を発揮できるように導くことができないコーチも責任を感じなければいけません。技術的なものなのか、体力的なものなのか、どこを改善したらいいのか、その答えはコーチが寄り添って一緒に探すものでしょう。

以前、オフ期間中の自主トレーニングで、秋季キャンプとはまったく違うことに取り組み、春季キャンプでコーチを驚かせた選手がいました。自主トレで別の取り組みをしたことが問題なのではありません。その時、コーチに「変えます」の一言が届かなかったこと、つまりコーチと選手の連携が取れていないことが問題なのです。こうした点でもコーチには責任感を持ってもらいたいと考えていました。

一方的ではないコミュニケーションの意味

僕が選手と話をする時に、心掛けていたことがあります。それは「選手の話を聞くこと」です。アドバイスを伝える時に陥りがちなのが、監督やコーチの意見を一方的に伝えてしまうことです。監督就任当初は僕も、真っ先に自分の意見を伝えたい衝動に駆られましたが、そもそも選手の現状を理解しないままにアドバイスを伝えても、まったくの的外れになってしまうでしょう。そこで、まずは選手の声に耳を傾けるようにしました。

何について悩んでいるのか。何が上手《うま》くいっていないのか。選手が今、向き合っている課題を明確にし、正しいアドバイスや声掛けをすることが目的ですが、自分の悩みや課題を言語化して説明することで、選手が自分の置かれた現状について整理整頓《せいとん》することにもつながります。

皆さんも経験があると思いますが、悩みのど真ん中にいる時は、あの手この手を尽くしても上手くいかず、本当は何が課題だったのか、その本質を見失ってしまうことがあります。だからこそ、その当事者である選手に話をさせるだけでも解決の糸口が摑めたり、意外と近くに解決法が転がっていたりすることに気付くこともあるわけです。

監督やコーチから一方的にアドバイスを送っても、それはコミュニケーションにはなりません。相手の話を聞き、自分の意見を伝えることで、コミュニケーションは生まれるわけです。選手だけではなく、コーチと話をする時も「聞く姿勢」を持つことを何よりも大切に考え、話が一方通行にならないよう心掛けました。

コミュニケーションを図りながらも、選手との関係には一線を引いていました。つい先日までチームメートとして戦っていた仲間が突如、監督と選手という関係に変わったわけです。引退前は「井口さん」と慕ってくれる後輩たちと一緒に食事をする機会もたびたびありましたが、「井口監督」に変わると同時に選手と食事に行くことはやめました。チームメートだったからこそ、馴《な》れ合いの関係になることだけは避けたかったのです。監督と選手という関係にメリハリをつけ、勝てる集団になることを目指しました。

指導者経験ゼロからスタートしたチーム再建ではありましたが、監督を務めた5年間で「環境整備」も「意識改革」も大きく前進させることができたと自負しています。それはリーグ6位だった成績が、監督1年目には5位、2年目以降も4位、2位、2位、と上がっていったことにも表れているでしょう。5年目の2022年にリーグ5位へ降下しましたが、指揮を執った5年間で最多タイの69勝（73敗1分）を記録。勝てるチームの素養、そして勝者のメンタリティは着実に備わってきたと感じています。

河合克美オーナー代行兼球団社長との出会い

監督就任にあたり、僕は球団に対して「チーム強化のために本気になってバックアップしてほしい」という要望を伝えました。この要望に応え、現場とフロントオフィス、球団とロッテ本社が一体となってチーム強化に尽力してくれたのが、オーナー代行兼球団社長だった河合克美さんです。僕が常勝軍団を目指すチームのビジョンを描く上で、河合さんはその幅を広げてくれた人物でもあります。

先にも紹介した通り、河合さんは広告業界を経て、ロッテ本社でも長らくマーケティング事業に携わってきた方です。投資をしなければ、その先のプラスアルファは生まれないという考えの持ち主で、他球団から後れをとっていた設備投資はもちろん、フリーエージェント（FA）選手の獲得にも尽力してくれましたし、ブラックサマーユニホームやマリンフェスタユニホームなど、プロモーション用ユニホームの作製にも関わってくれました。

ここで少し、球団経営について話をしたいと思います。車に喩《たと》えるとしたら、「球団」という車体は「チーム」と「事業」を両輪とし、前に進んでいきます。球場で日々の勝敗と向き合う「チーム」に対し、「事業」とはチケットやグッズの販売、地域との連携やスポンサー獲得などを手掛ける部門。表舞台に立つ「チーム」を舞台裏で支えるのが「事業」と思われがちですが、どちらも欠かせない重要な部門であり、二つがうまく嚙《か》み合わなければビジネスとして成り立ちません。チームが強くなっても、ファンサービスが追いつかなくては人気は持続しませんし、チケットやグッズが売れても、チームが弱ければ一過性のブームで終わってしまいます。この「チーム」と「事業」の連携を見直し、強化を図ってくれたのが河合さんでした。

河合さんは2018年にオーナー代行となり、翌年には球団社長を兼任。いざ球団に入ってみると明確なビジョンや方針はなく、経営の黒字化だけを追い求めていたため、「チーム」と「事業」が嚙み合っていないことに気付いたそうです。そこから現状を主観ではなく客観的に把握するために、様々なデータを収集・分析し、球団が持つ強みと課題を整理整頓。2020年には球団にマーケティング戦略本部を作り、「チーム」と「事業」が一体となって目指す方向性と明確なビジョンを打ち出しました。

また、常勝軍団を作るにはチームのあらゆる面のデータ化・デジタル化が必要だと考える僕の意見にも耳を傾けてくださり、２０１９年にはチーム戦略部を創設。チームのデータ分析はもちろん、他球団のデータと比較しながら長所や補強ポイントを、現場の肌感覚ではなく数字という裏付けをもって示すサポートをしてくれました。

例えば、チーム戦略部が始動した２０１９年、パ・リーグ各球団のチーム総投球数に占める時速１５０キロ超の直球の割合を見てみると、ソフトバンクが30％を超えているのに対し、ロッテはリーグで最も低い３％ほど。１００球投げて３球しか１５０キロを超える球がなかったのです。バッター目線で考えれば、やはり１５０キロ超の球には脅威を感じます。このデータを見るだけでも、なぜこの年、ソフトバンクが日本一となり、ロッテがリーグ４位だったか、その理由は明らかでしょう。

同時に、チームの補強ポイントも明確に見えてきます。圧倒的に足りない速球派投手の獲得です。２０１９年10月17日に行われたドラフト会議。ロッテが1位指名したのは、高校生で１６０キロを投げる大船渡高の佐々木朗希投手でした。この年のドラフトは優秀な高校生が多く、１位指名では佐々木が４球団から指名を受けた他にも、奥川恭伸《おくがわやすのぶ》投手（星稜高）と石川昂弥《いしかわたかや》内野手（東邦高）がそれぞれ3球団から指名され、抽選にもつれこみました。

もちろん、奥川、石川の名前もリストアップされていましたが、補強戦略に従って佐々木を指名。抽選の結果、幸運にも入団交渉権を引き当て、ロッテの背番号「17」佐々木朗希が誕生したというわけです。

立候補制で募った6人の球団職員がまとめた「理念」

河合さんは「千葉ロッテマリーンズ」が持つブランド力をアップさせようと、今までにない球団の見せ方や他球団との差別化にも注力してくれました。その一環として、2021年1月にチームの中長期ビジョンやメッセージを込めた「Team Voice」、同年3月にはその元となった「千葉ロッテマリーンズ 理念」を発表し、シーズン中にはそれらをまとめた「BRAND BOOK」を制作し、球団に関わるすべての人に配付したのです。

先ほども述べた通り、かつてのロッテは「チーム」と「事業」の歯車が嚙み合わず、同じ球団にいながらも互いの仕事や役割をどこか他人事《ひとごと》のように捉《とら》えている部分がありました。ただ、振り返ってみると、僕がダイエーで日本一になった時も、ホワイトソックスで世界一になった時も、そこには監督・コーチや選手、フロントオフィス、球団職員、ファン、すべての人が一体となって生まれた、大きなうねりのようなものがあったのです。こうした経験もあり、球団に関わるすべての人とビジョンを共有しようという河合さんの提案に、一も二もなく賛同しました。

すべての根本となる「千葉ロッテマリーンズ 理念」の策定には、所属部署や勤続年数などを問わず、全社員の中から立候補制で公募。男女6人の社員が議論を重ねながら、みんなの思いを詰め込んだ「理念」を決めてくれました。

「千葉ロッテマリーンズ 理念」
―マリーンズが勝つための三カ条　Our Belief―
勝利への挑戦
勝利の熱狂
勝利の結束

—マリーンズの使命　Our Mission—

千葉ロッテマリーンズは、勝利と頂点を目指す集団であり、
関わる全ての人々の誇りであり続ける。

—マリーンズの行動指針　Our Values—

常にプロフェッショナル
常に挑戦者
常に楽しむ
常にリスペクト

—Ｖｉｓｉｏｎ　２０２５—

新たな常勝軍団に
　自他共に認める、令和の常勝軍団になる。

新たなスポーツエンターテインメントの創造
　時代に適応した、新しいスポーツエンターテインメントを創造、提供する。
チームブランドの強化
　目の前のクオリティを突き詰め、マリーンズブランドの価値を高める。
地域提携の強化
　地域コミュニティと共に成長し、地域経済にも貢献する。

　シンプルで分かりやすく、かつ力強さが感じられる素晴らしい理念だと思いました。こうした形で理念を掲げることは、ロッテにとって初めての試みでしたし、他球団を見ても例のないこと。理念を元に策定された「Ｔｅａｍ Ｖｏｉｃｅ」と併せ、球団が持つビジョンを誰からも見える形として掲げることで、球団内部の人だけではなくファンとも共有できる。チームが目指す方向性が分かればファンも応援のし甲斐《がい》があるでしょうし、もし理念通りに進まないことがあれば「どうしたんだ」と声を上げてもらえばいい。球団の方針を広く発表することは、大切な時間とお金を費やして応援してくれるファンに対しての説明責任を果たすことにもつながります。

チームの中長期ビジョンをまとめた「Team Voice」については、後ほどチームの成長についてお話しする時に併せて紹介したいと思いますが、この「千葉ロッテマリーンズ 理念」と「Team Voice」を軸としてまとめたものが「BRAND BOOK」です。

球団に関わるすべての人をつないだ「BRAND BOOK」

漆黒の球団のロゴと「BRAND BOOK」の文字が印刷された白い表紙を開くと、そこには「このBRAND BOOKは千葉ロッテマリーンズが勝利と頂点を目指す集団であるために球団の方針と想いをまとめたものである」の文字。およそ100ページの本の中には、監督や選手だけではなく、営業、チケット販売、グッズ販売、球場に出店する飲食店店主、ライトスタンドを守る応援団からの「勝利」や「優勝」にかける思いが、ZOZOマリンスタジアムの日常を切り取った写真とともに紹介されています。

この本は、2021年のシーズン中にコーチ・スタッフや選手、フロントオフィス、球団職員ら、チームに関わるすべての人に配付されたものです。もちろん僕も持っています

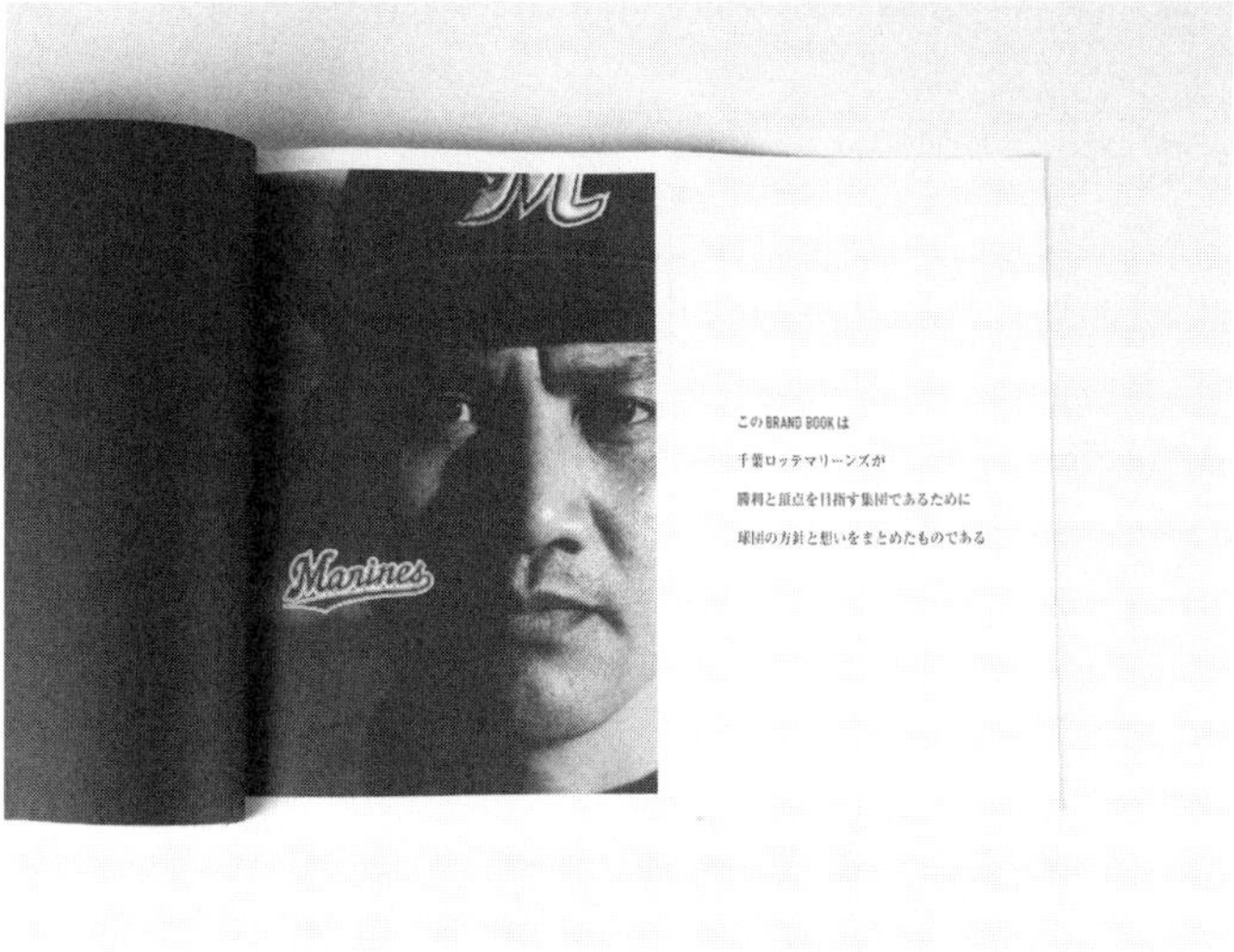
Marines
このBRAND BOOKは
千葉ロッテマリーンズが
勝利と頂点を目指す集団であるために
球団の方針と想いをまとめたものである

「BRAND BOOK」には球団の熱い想いが込められている

し、監督室を去るその日まで常にバイブルのように傍らに置き、この一冊に詰まったあらゆる人の思いを感じながら日々の試合に臨んでいました。監督やコーチ、選手たちは球場での応援を通じてファンの思いに触れることが多いのですが、球団職員やスタジアムで働く人たちなどの思いに直接触れる機会はほとんどない。この本を読み、どれだけ多くの人がロッテを愛し、選手に負けない熱量で優勝を追い求めているのかを知った時、僕は改めて背筋が伸びる思いがしたことを覚えています。

２０２１年のシーズン終了後、総括会見に臨んだ河合さんは「ＢＲＡＮＤ　Ｂ

OOK」について、次のように語っていました。

「唯一お願いしたのが、家族に見せたいと思うようなものを作ってほしいということ。みんなの言葉がスッと入っていて、同時に子どもたちに自慢したくなるようなもの。自分事化して自覚を持ってもらうことが目的でした」

この一冊は、球団に関わる全員が同じ目標とそこに向かう道筋を共有し、全員の心をつなぐ糸のような役割を果たすものになりました。

第4章

リーグ最下位から目指す常勝軍団

監督としてのビジョン②

IGUCHI VISION

ドラフトが成功を決める育成プラン

ここからは、実際に監督としてどのようにチームの強化を図っていったかお話ししたいと思います。

僕が監督を務めた5年間は「育てながら勝つ」ことがテーマでした。確かに、球団は以前よりもチーム強化に投資をしてくれるようになりましたが、FA選手の獲得は、今、足りない戦力の補強です。FAやトレードで現状の戦力を補強しながらも、3年先、5年先のチームを担う若手選手を育てなければ持続的に勝てるチームは作れません。チームの柱となる選手を育てるためには、まず大切なのがドラフトです。

まずはチームのスカウトたちが全国各地に足を運び、未来のスター候補を調査。スカウティングレポートの作成と併せ、資料動画も撮影してきます。各スカウトが集めてきた情報をシステム内にアップロードしておけば、編成に関わる人はタブレット端末を通じていつでも閲覧が可能です。

例えば、新聞やニュース、大学野球や高校野球などの中継を見ている時に「この選手はどんな選手だ？」と思ったら、タブレットで検索すればすぐに情報が手に入り、動画を確認することもできる。毎年10月までに投打合わせて約２００人のレポートと動画をチェックして、ドラフト前のミーティングに臨んでいました。編成担当が候補者を投打合わせて１００人に絞り、ランク付けした資料を見ながら、どんな戦略でドラフト会議に臨むかを相談するという具合です。

ロッテは即戦力より育成を念頭に置いた長期的なプランを元に、ドラフト会議に臨む傾向がありました。僕は２０１８年のドラフト会議から1位指名が競合した時に抽選に臨む重要な役割を負っていました。２０１８年は3球団競合した藤原恭大《ふじわらきょうた》（大阪桐蔭高）、２０１９年は4球団競合した佐々木朗希の交渉権を引き当てて「黄金の右手」と呼ばれました。２０２０年には4球団が競合した早川隆久（早稲田大、現・楽天）の交渉権は逃したものの、2回目にはヤクルトと競合した鈴木《すずき》昭汰《しょうた》（法政大）の交渉権を獲得。２０２１年は松川《まつかわ》虎生《こう》（市立和歌山高）を単独指名したように、1位指名はほぼ狙い通り、2位以下も満足のいくドラフトが続いたと思います。

ただ、ドラフトが成功したか否かの評価は、選手の活躍次第で決まるもの。つまり、成功のカギはチームの育成プランにあるとも言えるのです。一軍と二軍が連携し、同じプランの下に育てる体制が必要となりますが、僕が監督に就任する前のロッテは一軍と二軍の連携がまったく図れていなかったのです。

現役最後の年、引退試合に向けて二軍で調整を進めていた時のこと。当時、一軍と二軍を行き来していた若手選手が困り果てている姿を目にしました。聞けば、一軍と二軍とでは監督やコーチから指示されることがまったく違うため、何をするのが正解なのか分からないというのです。

選手を迷わせてはいけない。

そう考えた僕は、一軍と二軍に共通するチームとしての育成プランを作り、二軍監督は信頼の厚い今岡に任せ、選手には一貫したメッセージを送ることにしました。今岡とは毎日連絡を取り合って、「この選手はそろそろ一度、一軍の雰囲気を味わわせた方がいい」「この選手は一軍に同行して自分の課題が見えたようだ。二軍でじっくり課題に取り組ませてほしい」など、選手の情報を交換。育成システムの形を作ることはできたのですが、思わぬところで壁にぶつかることもありました。

強いチームの場合、一軍には経験を積んだ選手が揃っているため、新しく加わった若手が失敗したとしても、それをカバーできるだけの懐の深さを持っています。若手はその失敗から学び、成長する。こうしたプラスの循環が生まれるのですが、弱いチームの場合、一軍にいる選手自身がまだ成長過程にあるため、若手の失敗をカバーする余裕がなく、若手が手本にできる存在も見当たらない。一軍の選手が整わないと、若手も育たないと実感しました。

ようやく理想の形が見えたのは、2021年の荻野貴司《おぎのたかし》・中村奨吾と藤原恭大、そして2022年の荻野と髙部瑛斗《たかべあきと》でしょうか。手本となる先輩と一緒にプレーすることで、若い選手が一軍に定着するまでのビジョンを描くことができ、そのために必要なものを理解して身につけていく。ソフトバンクのように成熟したチームには、そういった育成の形ができているのです。

では、一軍がまだ成熟していないチームはどうしたらいいのか。その場合はコーチの出番です。

若手選手が陥りやすいスランプは往々にして、自分が取り組まなければいけないことと、自分がやりたいことが一致していないことが原因です。例えば、山口航輝が本当はホームランを30本打ちたいと思っているとしても、まずはレギュラーの座を摑《つか》むために20本で打率2割7分を達成し、レギュラーを獲《と》ってから30本を目指せばいい。自分のやりたいことに一足飛びで到達しようとするのではなく、達成しやすい目標から積み上げていけば、そこにたどり着くことができる。

本来であれば、自己分析をする過程で、こうしたビジョンが描けるようになればいいのですが、成功体験の少ない若手には難しいこと。僕を盗塁王へと導いてくれた島田誠さんのように、コーチが導くことは大切です。

2022年春季キャンプのチームミーティングで、僕は自分が島田さんから教わった考え方を選手に伝えたことがあります。その時、山口に「今年はホームランを何本打ちたいんだ？」と聞くと「30本」という返事。そこで島田さんと同じように「ひと月あたり5本、1週間に1本、そう考えると気負う必要はないだろう？」と話すと、納得の表情を浮かべていました。

そこで次は、和田康士朗《わだこうしろう》に「今年はいくつ盗塁したいんだ？」と聞いてみました。前年に24盗塁を決めて盗塁王になった韋駄天《いだてん》です。僕は50盗塁、あるいは60盗塁くらい大きな数字が飛び出すことを期待していたのですが、和田の答えは「20盗塁です」。まさかの答えにビックリ。他の選手にも目標の捉《とら》え方について伝えたかったのですが、完全に和田に外されてしまいました。

もう一つ、経験の浅い若手にはコーチが成功の定義を広げてあげることも大切でしょう。若手選手は特に、動画やデータに基づく理論を偏重する傾向があるため、「形」を気にすることが多いように思います。でも、実際は試合に100％の状態で臨めることはまずないですし、打席できれいなヒットを打てることも稀《まれ》。調子がイマイチであったとしても、その中でしぶとく内野安打を摑み取れば、それもまた成功なのです。先発投手であれば少し制球が荒れたとしても、1点を許したとしても、試合を作れればそれで成功。そうやって泥臭く成功体験を重ねるうちに、より高い技術や勝負強さが身についていくものです。

最近は、選手の自主性を育てる指導が主流になってきましたが、コーチや指導者が気を付けなければいけないのが、自主性を育てることと放任は違うということ。選手にすべてを任せ、コーチが何も言わないのは放任であり、自主性を尊重したり、育てたりすることとはイコールにはなりません。選択権は選手が持ちながらも、コーチは選択肢を提示しなければならないし、客観的に見て足りないと思うことがあれば、選手が自主的に取り組むように仕向けることも必要でしょう。

こうしたことを心に掲げながら過ごした5年間は長いようでもあり、あっという間のようでもありました。ただ一つ言えるのは非常に濃密な時間だったということです。

「優勝」「常勝軍団を作る」に向けて描いたビジョンを、どのように実現させていったのか、あるいは実現できなかったのか。この5年を改めてたどってみましょう。

ゼロから始まったチーム作り

僕が監督となる直前の２０１７年、ロッテはリーグ最下位という成績でした。先にも述べた通り、全試合に出場した選手は二塁の鈴木大地だけで、規定打席（４４３打席）に達したのも大地と角中勝也《かくなかかつや》の２人だけ。投手を見ると、涌井秀章《わくいひであき》（現・中日）と二木康太《ふたきこうた》は規定投球回数（１４３イニング）を超えましたが、二桁《けた》勝利を挙げた投手はゼロという、なかなか厳しい状況にありました。

チーム戦力を整える作業はパズルを組み立てる作業に似ています。まずは核となる大きなピースを置き、その間を小さなピースでつないでいく。レギュラーメンバーが固定できているチームであれば、パズルのピースはほぼ埋まり、残りの数ピースとして当てはまる戦力を探せばいい。でも、僕が就任した当初のロッテは、レギュラーと呼べる選手はほとんどおらず、誰をどこに当てはめたらいいのかも分かりませんでした。野手の軸となりそうな大地は持ち味を生かすために三塁に挑戦させたいと考えていたので、パズルは真っ新《さら》な状態だったのです。

そこで、まず1年目に取り掛かったのが「ピースを作る」ことでした。補強急務のポジションは即戦力となる選手をドラフト指名することにしました。監督就任会見から約2週間後にあったドラフト会議では、遊撃手の藤岡裕大《ふじおかゆうだい》（トヨタ自動車）を2位指名。中村奨吾を二塁に固定し、大地を三塁へコンバートする手筈《てはず》を整えました。1位で獲得したのは履正社高の安田尚憲《やすだひさのり》。将来の主軸として育成する目的です。

この時のロッテに必要だったのは、まずチームとしての形を作り、体力をつけることでした。そこで僕は開幕スタメンを勝ち取った選手は、成績が多少浮き沈みしても、シーズンを通じて起用しようと決意。1年間戦い続ければ、調子がいい日もあれば悪い日もある。その中で日々どのような準備を進めていけばいいのか、結果を残すためにはどうしたらいいのか、シーズンを通じて戦うために必要なものを、自分の肌で感じてもらいたいと考えたのです。

パズルはまだピースが置かれていない真っ新な状態です。監督やコーチの立場から見れば、ゼロからチームを作り上げることは大変なことですが、選手にとってはレギュラーの座を掴める絶好の機会に他なりません。僕は公平にレギュラー選出を行うため、そして選手の競争心を刺激する意味も込め、春季キャンプでは一軍と二軍の区別をつけない合同キャンプを実施しました。より実戦に即した練習を増やし、第3クールには紅白戦をスタート。無駄な時間を減らし、選手の自主性を促しながら濃密な時間を過ごせたと思います。

3月30日に迎えた楽天との開幕戦。スターティングメンバーに名を連ねたのは、一塁・井上晴哉《いのうえせいや》、二塁・中村奨吾、三塁・鈴木大地、遊撃・藤岡裕大、左翼・菅野剛士《すがのつよし》、中堅・荻野貴司、右翼・加藤翔平、捕手・田村龍弘、指名打者・福浦和也、そして開幕投手は涌井秀章でした。

そして、宣言通りにシーズンを通じて起用した結果、中村、鈴木、藤岡、田村が全143試合に出場し、井上、角中も規定打席に到達。投手陣は規定投球回数に達した涌井こそ7勝（9敗）にとどまりましたが、マイク・ボルシンガーが13勝（2敗）、石川歩《いしかわあゆむ》が9勝

（8敗）と健闘し、翌年以降につながる土台を作ることができました。

チームの成績は59勝81敗3分で、前年から一つ順位を上げてリーグ5位。シーズンを通じてBクラスにとどまりましたが、機動力を生かす野球を掲げてチーム盗塁数は西武（132個）に次ぐ124個を記録。犠打や四球の数も増え、全員で1点を摑み取ろうという姿勢を示すことができました。夏以降は故障者が続出して失速したものの、交流戦を11勝7敗で3位に入る意地を見せることができたのは、選手にとって大きな自信になったと思います。

同時に、改めてロッテが持つ課題を強く実感するシーズンにもなりました。何よりも選手のあきらめが早く、プロとしての意識が低いのです。その根底にあるのは「負けても仕方ない」と思う〝負け癖〟。優勝するためには払拭《ふっしょく》すべき要素であり、勝利に対するこだわりと置き換えられなければなりません。シーズンが終わりに近づくにつれ、あっさりと負ける試合が増えることが気になりましたが、最も印象に残っているのは最終戦を巡るやりとりでした。

10月13日、本拠地ＺＯＺＯマリンスタジアムでの楽天戦。順位はすでに5位で確定した後の最終戦でした。ローテーション通りであれば先発する予定だったベテラン投手は、この試合で投げても規定投球回数には到達しないので「今シーズンはもう投げません」と言う。そこでローテーション順で次にあたる中堅投手に聞くと「僕はもういいです」の返答。他に聞いても「投げたい」という声が聞こえてこないのです。

最後に声を掛けたのが、フェニックス・リーグに参加するため、宮崎へ飛び立とうと羽田空港にいた岩下大輝でした。前週の楽天戦でプロ初先発のマウンドに上がり、6回無失点で初勝利を飾っていた岩下に「最終戦、先発するか？」と聞くと「投げさせてください！」と即答。入団以来怪我が続き、ようやく一軍に呼ばれるようになった4年目右腕は、どんなチャンスも逃したくなかったのでしょう。6回2失点と好投しましたが、打線の援護に恵まれずに1－4で黒星。プロ2勝目ならずも、岩下の気持ちは届きました。

シーズン最後のミーティングでは選手はもちろん、コーチやスタッフら全員に向かって「これだけ『投げたい』『勝ちたい』と思う選手が少ないのであれば、いつまで経っても勝てるチームにはならない」という話をしました。中途半端な気持ちで勝てるほど野球は甘くありません。選手の「意識改革」に本腰を入れなければいけないと感じた出来事でもありました。

積極的にトレードを実施した理由

2018年7月26日、監督就任後初めてのトレードを実施しました。日本ハムから俊足の外野手・岡大海《おかひろみ》を獲得し、その代わりとして左腕・藤岡貴裕を送り出しました。その他、巨人から澤村拓一《さわむらひろかず》の獲得などを含め、監督を務めた5年間で計六度のトレードを実施しましたが、かなり積極的だという印象を持つ人も多いでしょう。

日本ではまだ、トレード＝不要だから放出、というイメージが強いかもしれません。しかし、僕はトレードこそ、選手が輝くチャンスを得られる素晴らしい制度であり、積極活用するべきだと思うのです。

僕自身、ホワイトソックス時代に球場で試合に向けて準備をしていたら、突然トレードを言い渡された経験を持っています。先にも触れた通り、当初はひどく傷つきましたが、優勝のために必要な戦力だと僕を求めてくれたフィリーズでは、新たなチームメートと出会い、ホワイトソックスとは違う野球観の中で、優勝争いを繰り広げる楽しさを味わいました。メジャーではトレードは決してネガティブなものではなく、むしろ必要とされる場

巨人から獲得した澤村拓一は移籍初日から活躍してくれた

所でプレーできる好機だと考えられていたのです。
ロッテと契約し、日本球界に復帰した後でよく目に留まったのが、いわゆる〝飼い殺し〟状態になってしまった選手たちでした。才能があるにもかかわらず、所属チームの構想にハマらず、二軍でくすぶっている選手たち。他のチームに行けば活躍する可能性を秘めているのに、もったいない話ではありませんか。
そこで僕は監督になってから、他チームの監督や編成トップと球場で雑談する中で「○○選手と××選手をトレードしませんか」と直接交渉をしていました。

通常、トレードは球団の編成担当同士が話し合うものですが、最終的には現場のトップである監督の承認が必要となります。であれば、必要な戦力を熟知する監督同士で下交渉をし、事務手続きを編成担当に任せた方が話が早いのです。

巨人の原辰徳《はらたつのり》前監督や日本ハムの吉村浩チーム統轄本部長とは、たびたびざっくばらんなトレード交渉を行いました。全員に共通するのは、選手が新たに活躍できる場を見つけたいという思いでした。ロッテを見てもポジションや登録枠の都合で起用する機会を作れずに二軍で調整させるしかない選手がいたり、環境が変われば実力を発揮するであろう選手がいたり。くすぶったままでいれば戦力外になってしまいますが、トレードされれば少なくとも、その翌シーズンも現役を続けられるでしょう。その間になんとか活路を見出《みいだ》してほしかったのです。

ロッテにトレードされてきた6選手は全員、大事な戦力となり、チームの勝利に貢献してくれました。野球選手にとって試合に出られないことほど不幸なことはありません。もっとトレードが活発になり、くすぶったままキャリアを終える選手が減ることを願ってやみません。

キャンプ初日の紅白戦実施

監督2年目の2019年。僕は選手の自主性を促すために、春季キャンプ初日に紅白戦を実施しました。プロ野球では異例の試みだったと思います。前年のシーズン終了後には「2月1日に紅白戦をするので試合ができる準備を各自進めるように」と通達。シーズン最後のミーティングで伝えた話を選手それぞれがどう解釈し、自主トレーニングに反映するのかを見たかったのです。

ご存じの方も多いと思いますが、メジャーでは30球団が一斉にキャンプインすることはありません。同じチーム内でも投手と野手とではキャンプインの日程が違い、投手は2月10日前後、野手は2月後半から始まります。チーム全体として動くのは野手のキャンプインから。ここから投内連携やサインの確認を行うと、1週間ほどでオープン戦がスタートするという流れです。つまり、実戦に臨める体づくりや技術的な調整は、選手の自主性に委《ゆだ》ねられるのです。

日本でも選手の自主性を重んじた準備ができないわけがない。そう考えた上での紅白戦でしたが、はたして、選手たちはそれぞれ素晴らしい冬を過ごしてきてくれたと思います。こちらが期待する通り、あるいはそれ以上の準備を、しっかり自主トレーニングで積んできたのです。

試合は非常に締まった展開になりました。涌井と石川が先発マウンドに上がると計18投手が継投。野手は計30選手が出場し、その中には入団したばかりの藤原恭大、山口航輝、松田進《まつだしん》の姿もありました。新人でも競争のチャンスは与えられるし、競争に勝てばレギュラーを摑める。そんなメッセージを感じてもらえたのではないでしょうか。

この年は石垣島での一軍キャンプを2月11日に打ち上げ、12日から沖縄本島を拠点に練習試合を開始。キャンプ期間はオフを除くとわずか10日間で、そのうち6日間はシート打撃や交流試合など実戦に即した内容でした。実戦主義を打ち出したキャンプを過ごしたことでチーム内での競争が活性化され、チーム力が底上げされたと感じています。

キャンプのMVPに涌井と石川を選んだことも付け加えておきたいと思います。ベテラン2投手が紅白戦実施に込めた意味を理解し、しっかり体を作ってきたおかげで、投手陣はもちろんチーム全体の雰囲気が締まったことは、開幕以降も好影響を与えました。

シーズンは5月に2位タイまで浮上したものの、8月初旬までは5位が定位置に。8月中旬以降は楽天と3位を争うまでになりましたが、最後は2ゲーム差で4位に終わる悔しさを味わいました。順位だけを見れば前年の5位から一つ上がっただけですが、試合の内容は格段にレベルアップ。早々に勝負をあきらめる選手は減り、あと一歩という試合がいくつもありました。

もちろん、この年から加わったブランドン・レアードとレオネス・マーティンの存在も大きかったでしょう。2人は試合の流れを一気に変える長打力を持ち、チームは幾度となく窮地を救われました。2人のバットに頼る部分は大きかったものの、チームとして最後まで「何があるか分からない」と自分たちを信じて戦い抜けるようになったのです。

最終的にはプレッシャーの掛かる環境で競る争いをしたことがない経験の浅さが出てしまい、CS進出をかけた楽天との3位争いに敗れました。シーズン最後の10試合を見るとロッテは3勝7敗で、楽天は6勝4敗。この差はまさに経験の差にあったと思います。優勝ではなく3位を争うだけでも、ロッテの選手たちは浮き足立ってしまったのです。

楽天に0・5ゲーム差と迫っていたシーズン最終戦。ペナントレースで優勝した西武との試合は投手陣が大崩れすると、守備のミスも重なって4－12と大敗。まさかの大敗ではありましたが、試合後に心の底から悔しがる選手の姿を見て、この経験が必ず生きる時が来ると確信しました。

すべてを変えた新型コロナウイルス感染症の流行

2020年は就任3年目。チームスローガンに「突ッパ！」を掲げ、「ホップ・ステップ・ジャンプ」の勢いで大きく突き抜けようと臨んだシーズンでした。前年のドラフト会議では佐々木朗希の1位指名に成功し、無事に契約。楽天からFAとなった右腕・美馬学《みままなぶ》、ソフトバンクからFAとなった俊足巧打の外野手・福田秀平と契約するなど、球団も戦力アップのために大きなサポートをしてくれました。

レアードとマーティンも引き続き在籍する中、前年のイースタン・リーグで最多本塁打（19本）と最多打点（82打点）を記録した安田を一軍で育てようと迎えた春。新型コロナウイルス感染症の世界的大流行が我々の生活を大きく変えてしまったのです。当たり前にやってくると思っていた普通の毎日が、実は当たり前ではないと気付くことになりました。

プロ野球は12球団代表者会議を開き、３月20日に予定されていた開幕を４月24日に延期しましたが、事態は収束するどころか混迷を深めるばかり。再度延期した結果、ようやく６月19日に開幕することが決まりましたが、当時の状況を考えると開幕することは勇気ある決断だったと思います。

もちろん、無観客での開催、延長戦は10回まで、定期的なＰＣＲ検査の実施など、多くの特例措置や制限が設けられた上での実施です。それでも、毎日できると思っていた野球をできない現実があると知った後では、ただただ開幕を迎えられることに感謝する気持ちでした。

まだ収束の目処《めど》も立っていない中、〝不要不急〟とされる野球をするべきかどうか、頭を悩ませた関係者は多いと思います。僕もチームを預かる身として可能であれば開幕を迎えたいと思いつつ、世の中の状況を見た時に今がそのタイミングなのか、感染者が続出する中でも野球をプレーしていていいものか、いろいろな思いが頭をよぎりました。

しかし、実際にシーズンが幕を開けると、耳に届くのは「野球を観る時間に救われる」「野球があって良かった」というファンの声。野球を観る人に元気や希望が届いていると知ることはうれしかったですし、球場に来られなくてもテレビやインターネット、ＳＮＳ

を通じて届けられる応援に勇気づけられたものです。
グラウンドでプレーする選手たちは本当に大変だったと思います。無観客でシーンと静寂の漂う球場での試合はどことなくオープン戦のようでもあり、アドレナリンが出ずに気持ちは燃え切らない。その上、自分も感染しないように十分な対策を取らなければなりません。球団としても様々な対策を取りましたが、それでも新型コロナウイルスに感染してしまうことはある。感染者が出るたびにＰＣＲ検査を受けたり、家庭内感染を防ぐため家族の行動にも注意を払ったり、集中すべき試合以外に気を取られることが多く、かなりストレスを感じているようでした。僕もまた、夜中にチーム内の感染を知らせる電話を受け、何度も飛び起きたことがありました。

チームは開幕2戦目から8連勝と好スタートを切り、6月を首位で通過。7月になると順位を4位まで下げることはありましたが、ここで踏みとどまれたのが前年の経験と積み上げたチーム力の成果だと言えるでしょう。8月以降はソフトバンクと首位争いを繰り広げ、10月にはゲーム差なしの2位まで追い上げましたが、最後は14ゲームという大差をつけられて2位。3位の西武には1・5ゲーム差まで迫られましたが、前年の3位争いとは違うプレッシャーを味わえたことはチームの大きな成長につながりました。

特にチームの成長を感じたのは、2位を確定させた11月8日の西武戦です。先発の小島《おじま》和哉《かずや》が2回に2点を先制されるも、菅野のタイムリーなどで同点に追いつくと、4回には藤岡のソロで勝ち越し。マウンドでは3回以降、小野郁《おのふみや》から始まる7投手無失点リレーをつなぐと、打線も6回と8回に追加点を挙げ、投打のかみ合った展開で8－2と勝利しました。

ここで負けたら2位が危うい正念場。おそらく前年までのチームだったら失策などで自滅して負けていたでしょう。でも、大切な試合で投打ともに全員の力を合わせ、つなぐ野球で勝利を摑み取った。2020年の戦いが集約された戦い方であり、シーズンで一番良かった試合だったと思います。

一方、シーズン中のチーム事情はなかなか厳しいものでした。主軸のレアードが腰を痛めて8月に離脱。首位攻防戦を繰り広げる10月には一軍選手8人がコロナ陽性と判定され、二軍から11選手を緊急昇格させたこともあります。

こうしたピンチで存在感を光らせたのが、安田や藤原といった若手選手たち。ドラフトで獲得した高卒選手たちに二軍でしっかり経験を積ませようという方針が間違いではなかったと確信すると同時に、主力の不在をチャンスに変えようとする若手の逞《たくま》しさにうれしくなった覚えがあります。

この後もコロナ禍による制限が続きましたが、最も残念に思うのはファンの皆さんと直接交流する機会が減ってしまったことです。河合さんと球団のブランディングについて話し合う中で、もっとグラウンドでファンと選手が身近に感じられるような仕掛けをしていこうと様々な計画を練っていましたが、実現できなかったものも多々あります。ご存じの通り、ロッテは背番号「26」をファンナンバーとして欠番にしていますが、コロナ禍に接して、改めてファンの存在の大きさを実感することになりました。

「Ｔｅａｍ　Ｖｏｉｃｅ」で示したチームの中長期的ビジョン

まだまだコロナ禍が続く２０２１年１月30日。春季キャンプを目前に控えたこの日、ロッテは「Ｔｅａｍ　Ｖｏｉｃｅ」を発表しました。先にも述べた「千葉ロッテマリーンズ理念」を元に策定されたチームの中長期的ビジョンを示したメッセージです。

「Team Voice」

惜しかった。
あと1点が取れていれば。
あの1点を守れていれば。
それで落としてきた白星がいくつある？

本当に信じているか？
優勝して、日本一になって、
常勝軍団になることを。

その唯一の方法は、
今日も、明日も、勝つしかない。
1点でも相手より多くとって、

その1点を守りきる。

目の前のチャンスをつかみ取り続ける。
だから俺たちは熱狂する。
その粘り強さに。その本気の執念に。

その1点が、明日を変える。

これは前年の悔しさを端的に示すメッセージであり、依存しがちだった「下剋上《げこくじょう》」から抜け出すためのメッセージだったと思います。やはり常勝軍団を目指す上で、自分たちでチャンスを摑み取る執念は必要なもの。それは、一時はゲーム差なしの2位まで追い上げながら失速した前年に、チーム全員が痛感したことでした。

チームスローガンにも「この1点を、つかみ取る。」を掲げ、ミーティングでも「1点」の価値を深掘りしながら、チーム全体への意識付けを図りました。「この1点を、つかみ取る。」と聞くと一瞬、攻撃に関する目標のように聞こえるかもしれません。でも、相手に1点を与えなければ、それは1点を掴み取ったことと同じ。攻守に共通して持っていたい意識なのです。

どう1点を取るか、どう1点を守り切るか。例えば、走者であれば一つ先の塁を狙ったり、打者であれば1死二塁の場面で最低限でも進塁打を打って2死三塁としたり、より得点しやすい状況を整えていく。守備で言えば、走者が一塁にいる時にどうやって盗塁を防ぐか。投手も走者を背負った場面でも1点を与えない配球や投球を考える。全員で「1点」に対する意識を高めてほしかったのです。

就任4年目にして、ようやく優勝争いができるところまでチーム力が上がった手応《てごた》えを感じていました。それだけに「この1点」を求める采配《さいはい》に対し、選手がどんなアプローチをするのか、非常に楽しみに迎えたシーズンでした。

開幕こそ5連敗を喫しましたが、4月中には勝率5割に復帰。コロナ感染の影響もあり、6月には5位まで順位を下げたものの、7月から1番・荻野、2番・藤原、3番・中村と打順を固定して猛チャージ。後半戦はオリックスと熾烈《しれつ》な首位争いを繰り広げながら、9月初旬には毎日首位が入れ替わる接戦でした。10月にはついに優勝マジックを点灯させましたが、互いに一歩も譲らぬデッドヒートの末、レギュラーシーズン141試合目で決着。我々はリーグ優勝を逃し、2年連続2位となりました。

選手の手のひらには、一瞬でも首位を掴んだ確かな手応えが残ったはずです。そしてまた、その首位が指の間からこぼれ落ちる感覚も味わったでしょう。

一度掴んだ首位を取りこぼさず、しっかり握っておくために必要なものは何か――。優勝するために必要なものは何か――。

シーズン後の秋季キャンプでミーティングを開き、監督、コーチ、選手みんなで考えました。我々に足りなかったもの、それは覚悟と厳しさだったのかもしれません。優勝争いに加わったことに満足するのではなく、優勝しか正解としない覚悟と厳しさです。2022年は優勝、その二文字だけを追い求める決意を固めました。

井口野球とは

監督在任中も、監督を退いてからも、よく「井口野球=機動力野球・スモールベースボール」と紹介されることがあります。ですが、これは少し違います。僕が機動力を使った野球が好きであったり、得意だったりするのではなく、ロッテで目指すべき野球が全員でつないで1点をもぎ取る野球だったのです。仮に僕が日本シリーズで4連覇した当時のソフトバンクの監督をしていたら、盗塁や進塁打で一つ先の塁を狙うようにという指示は出さなかったでしょう。

先にも述べた通り、監督に就任した当初のロッテには、チームを作る上で軸となる選手がいませんでした。長打が打てる選手では井上晴哉がいましたが、30本、40本とホームランを量産するタイプではない。角中勝也は優れた中距離打者ですが、ホームランは年に二桁も打ちません。他の打者も軒並み、強打ではなく巧打というタイプ。さぁ、どうやって点を取ろうと考えた時、頭に浮かぶのは打線をつなぎながら全員で1点を奪いにいく野球でした。

1番に出塁率が高くて足の速い打者を置き、出塁後には盗塁で二塁へ。小技に長《た》けた2番がバントで送り、1死三塁としたところで、3番がセンターからライト方向へヒットを運んで1点。セオリー通りでオーソドックスな攻撃ですが、これを着実に実行するしかなかったのです。

ただ、在任中にも繰り返し言いましたが、安打でも四球でも同じ出塁です。二塁打を打てなくても、単打と盗塁で二塁まで到達すれば同じこと。野球はいくら守り抜いても、点を入れなければ試合には勝てません。ロッテにいる打者たちでいかに1点を取るか、大きな一発はなくてもどうしたら相手バッテリーに嫌がられるか、それを追求した結果が機動力や選球眼を生かした攻撃だったというわけです。

ダイエー時代に盗塁王を二度獲得したり、ホワイトソックス時代に徹底した進塁打で貢献したりしたイメージも強いため、「井口野球＝機動力野球・スモールベースボール」と思う人が多いのでしょう。もしまたどこかで監督をする機会があれば、またその時は就任したチームに即した野球をすることになると思います。

唯一こだわりたいのは「当たり前のプレーを当たり前にできること」。

ロッテでも言い続けたことですが、どこへ行ってもこの原則が変わることはないでしょう。

佐々木朗希、幻の2試合連続完全試合

優勝へ不退転の覚悟を持って迎えた2022年。前年にプロ初マウンドに上がった佐々

木朗希をローテーションに加え、「頂点を、つかむ。」をスローガンに開幕しましたが、気合いが空回りしてしまったのか、どうにも勝ちきれない試合が続くことになりました。

２０２２年のロッテと言えば、避けて通れないのが佐々木朗希の完全試合達成でしょう。

４月10日、ＺＯＺＯマリンスタジアムで開催されたオリックス戦でした。シーズン３度目の先発マウンドに上がった朗希は新人捕手の松川とバッテリーを組み、初回からオリックス打線を寄せ付けない投球を披露しました。終わってみれば、28年ぶり史上16人目となる完全試合を達成。13者連続三振の日本プロ野球新記録、１試合19奪三振の日本プロ野球タイ記録など、数々の記録が偉業に花を添えました。早いカウントでファウルを打たせ、持ち味の決め球で仕留める。朗希ならではのスタイルでした。

僕自身はホワイトソックス時代にエース左腕のマーク・バーリーがノーヒットノーランを達成した時、二塁を守っていましたが、途中から打球が飛んで来ないよう必死で祈ったことを覚えています。実際に完全試合を見たのは、この時が初めて。本当にいいものを見せてもらったと思います。ノーヒットノーランは四球やエラーは許されますが、完全試合となるとそれも許されない。一つハードルが上がるわけですから、バッテリーを組んだ松川や守備陣もよく頑張ったと思います。

さて、問題はその次の先発日です。4月17日の日本ハム戦のことでした。この日の朗希は制球にばらつきがあったものの、再び完全試合ペースでアウトを重ねていきました。結果としてはご存じの通り、完全試合が継続中の8回終了時で降板。世界初となる2試合連続完全試合という大記録が途絶え、投手交代を告げた僕には賛否、様々な声が寄せられました。

2020年の入団以来、チーム方針として球数制限をしながら大事に育成してきた投手ですが、チーム方針だと言って、9回続投志願を聞き入れず無理矢理、降板させたのでしょうか。そう考える人もいるかもしれませんが、この選択は試合中の密《みつ》なコミュニケーションから生まれた、全員が納得するものでした。

先発投手とは試合中、イニング間に投手コーチを通じて必ず状態のチェックをしています。今日は調子がいいのか。調子は良くないけど何とかアウトは取れているのか。痛む箇所はないか、などなど。この日の朗希は決して好調とは言えなかったものの、アウトは順調に積み重なっていく。同時に制球のばらつきが原因で球数もかさんでいました。前の試合で完全試合を投げた疲労を考えると無理はさせたくないし、育成プランとして100球

佐々木朗希ー松川虎生の若いバッテリーで完全試合を達成

は超えさせたくないと思いながら、マウンドを眺めていました。

すると、6回くらいから明らかに球威が落ちてきたのです。まだ完全試合は続いているものの、7回、長くても8回まで降板させようと考えていたところ、朗希本人から「肘《ひじ》に張りが出てきたので、8回まで持たないかもしれません」という報告がありました。

歴史的偉業の達成が目の前に迫っている状況です。肘に少し張りを感じていても、何も言わずに投げ続ける投手の方が多いでしょう。でも、朗希は記録にはこだわらず、長く続くキャリアを考えて自分の体を守ることを優先することにしたのです。

7回を三者凡退としてベンチに戻ってきた時、改めて状態を聞くと「8回はいきます」と言う。そこで僕は走者を1人でも出した時点で交代させることを条件に、8回の続投を許可しました。マウンドに送り出しながら、ブルペンでは中継ぎ投手に準備をさせ、いつでも交代できる状況を整えていたのですが、結果は三者連続三振。文句のつけようのない締めくくりは、さすがでした。

2試合連続完全試合という歴史的偉業は達成されませんでしたが、選手が監督やコーチに対して自分の状態や意見を言える環境がロッテに備わったことに、僕は喜びを感じていました。朗希であれば一度とは言わず、この先何度も達成してくれるでしょう。


結局、この完全試合が2022年のロッテにとって最大のニュースになってしまいました。本来であれば、リーグ優勝や日本一を彩る脇役としたかったのですが、チーム状況は甘くはありませんでした。

交流戦前の成績は19勝25敗1分の5位。首位の楽天に8・5ゲーム差をつけられていましたが、交流戦でパ・リーグ唯一の勝ち越し（10勝8敗）を記録し、7月には3位に浮上。

首位ソフトバンクまで2ゲーム差まで迫ったものの、オールスター後の連敗が響いて再び5位まで落ちてしまったのです。

9月は終始、西武、楽天と3位から5位を争う展開となりましたが、結局5位から抜け出すことができずにシーズンは終了。3年ぶりのBクラスとなってしまいました。3位西武とは4ゲーム、4位楽天とは1ゲームという僅差《きんさ》ではありましたが5位は5位。優勝を信じて応援してくれたファンの落胆は大きかったことと思います。

結果として、レアードとマーティンが不在の穴を埋めることができなかったことが大きく響いたと考えています。ただ、選手たちはそれぞれビジョンから大きく逸《そ》れることなく、一生懸命にプレーしてくれました。前年を上回る69勝を挙げながらも5位に終わったのは、チームを束ねる監督として即効性のある処置を施せなかった僕の責任です。

この反省を生かし、2023年にもう一度優勝を目指したいという思いはありました。まだ道半ばですし、常勝軍団を作ろうという大きなビジョンの中で順調に前進していたのは間違いありません。選手たちは確実に一歩ずつ成長の階段を上っていましたし、「千葉ロッテマリーンズ 理念」の中で「Vision 2025」と掲げたように、2025年を一つの区切りと考えていたので、そこまでは関わりたいという思いがあったことは確かです。僕がドラフト会議で指名し、育成してきた選手たちは自分の子供と同年代なので息子のように感じる部分はありますし、成長した彼らと一緒に優勝できたら喜びは格別だったでしょう。

シーズン最終戦　朝の決断

しかし、シーズン最終戦の朝、球団から2023年はコーチ陣を一新して、優勝を目指したい意向を告げられました。ここまで一緒にチームを作り上げてきたコーチ陣は、僕にとって特別な存在ですし、彼らに指示を出していたのは監督です。コーチ陣に至らない点があるのだとすれば、それは上役である監督が当然、責任を取るべきです。そう考えた僕は、試合直前に辞任の意思を固め、試合後のセレモニーで発表しました。

急なことだったので、試合前には一部のコーチにしか辞意を伝えることができず、当然ながら選手は誰一人として聞かされていませんでした。青天の霹靂《へきれき》だったと思います。セレモニー終了後、ロッカールームに戻ってもまだ驚きの表情を隠せない選手を前に、僕は改めて謝りました。

「２０２５年には常勝軍団になっているように一緒に頑張ろうと言ってきたのに、こんな形になってしまった。優勝を目標に掲げながら、今年一緒に勝てなくて申し訳ない。ただ、5位という結果に対する責任は、監督である自分しか取れないもの。みんなにはまだ先があるから頑張ってほしい。誰が監督になろうが、みんながやるべきことは変わらないから、そのまま真っ直ぐ進んでいってほしい」

企業では業績は常に右肩上がりであることが求められ、業績が下がった場合には誰かがその責任を取らなければなりません。それは球団でも同じ。6位からスタートしたチームが5位、4位、2位、2位と上がってくれば、次に目指すは優勝のみ。それが5位に逆戻りしてしまったのだから、現場の頂点に立つ監督が責任を取るべきなのです。

そもそも僕のビジョンでは、２０２５年にロッテを常勝軍団とした後は、福浦か誰か相応《ふさわ》しい人物にチームをバトンタッチしようと思い描いていました。勝てるチーム、優勝できるチームの土台作りをすることが自分の役目であり、監督という座に長居することはないと考えていたのです。

２０２２年でチームを去ることにはなりましたが、勝つための環境は整いましたし、選手たちは「下剋上」に頼ることなく、自分たちで優勝を摑みにいく「勝者のメンタリティ」を備えるようになりました。これから入団してくる選手にとっての「当たり前」は、2017年以前のそれとは大きく変わったと思います。5年間一緒に積み上げてきた選手、コーチ、スタッフと優勝の喜びを分かち合うことはできませんでしたが、ある程度の役目は果たせたと自負しています。

2023年、吉井新監督の下、ロッテはリーグ2位に返り咲き、CSファイナルステージではオリックスを相手に粘り強く、食い下がりました。その戦いぶりを見ながら、ゼロから積み上げた5年間は間違いではなかったと思えたのです。

2022年の５位という責任を取り監督を退任

第５章

世界王者・日本が果たすべき役割

未来へのビジョン①

IGUCHI VISION

フラットな立場から観る日米の野球

26年着続けたユニホームを脱いで、あっという間に1年以上が経ちました。

現在の肩書きは「野球評論家」。有難いことに、テレビをはじめ、新聞、ウェブサイトなど様々な媒体で活動させてもらいながら、充実した時間を送っています。物足りなさを感じたことはありません。

これまで「取材される側・伝えられる側」にいましたが立場が逆転し、今度は「取材する側・伝える側」となったのです。当然、最初はなんだか落ち着かない、据わりの悪い感覚がありました。今でも完全に慣れたわけではありませんが、1人でも多くの人に野球の面白さや魅力を感じてもらいたいと思い、試行錯誤の毎日です。

振り返ってみれば、少年野球をしていた小学生の頃からロッテの監督を退任するまでの約40年、僕は必ずどこかのチームに所属していました。２００４年オフにダイエーから自由契約となった時、２００８年にパドレスから戦力外通告を受けた時など、一時的に所属先がなかったことはありますが、現在のように長くチームに所属しないことは初めて。まったくフラットな立場から観る野球は非常に興味深いものです。

1997年のプロデビュー以降はダイエーで8年、2009年に日本球界へ戻ってからはロッテで9年、さらにロッテでは監督として5年。日本のプロ野球は2球団に関わっていただけですし、この14年間はロッテしか知りません。なので、2023年2月に取材者として訪れたキャンプは12球団それぞれ、とても新鮮でした。

まずは選手名鑑と睨《にら》めっこしながら、各球団にどんな選手がいるのかを必死に予習。対戦を繰り返したパ・リーグの選手は大体覚えていますが、セ・リーグとなると話は別です。「こんな選手がいるのか」「この選手は面白そうだ」など、読み進めながら驚くこともしばしばでした。

実際にキャンプ地を訪れると、当然ながら球団によって施設が違いますし、練習メニューや球場に漂う雰囲気も違う。僕が対戦相手として見ていた時と印象が変わらないチームもありましたし、新監督を迎えたことでチームの雰囲気がガラッと変わったチームもありました。

最も強く印象に残っているのが阪神でした。岡田《おかだ》彰布《あきのぶ》監督を15年ぶりに指揮官として迎え、球場にはピリッと締まった非常にいい空気が漂っていたのです。大山悠輔を一塁、佐藤輝明を三塁に固定して、いい緊張感のあるノックをしていました。結果として、２０２３年は断トツで18年ぶりにセ・リーグ優勝を果たすと、オリックスとの関西対決となった日本シリーズを４勝３敗で制して38年ぶり２度目の日本一。春季キャンプで感じた雰囲気の良さはここにつながったんだ、と納得しました。

３月にはメジャーリーグのキャンプ地にも取材で訪れる機会に恵まれました。パドレスに所属した２００８年以来ですから、メジャーのキャンプ地に行ったのは実に15年ぶりのことです。まずはアリゾナ州ピオリアにあるマリナーズの施設へ行き、会長付特別補佐兼インストラクターを務めるイチローさんにお会いしました。マリナーズとパドレスのキャンプ施設は同じ敷地内で隣り合わせです。15年前にメジャー最後のキャンプ生活を送った場所から、メジャー取材をスタートさせることになったのも不思議な縁を感じずにはいられませんでした。

アリゾナにあるキャンプ地を一通りまわった後は、同じくキャンプ地が集まるフロリダ州に移動。オープン戦を客席から観る機会もありましたが、ダグアウトから見る野球とはまったく別もので、本当に新鮮な経験となりました。

いち野球ファンとして観に行こうと、第5回WBC準決勝・決勝のチケットを購入していたのですが、取材できる幸運にも恵まれました。あれほど大きなイベントに居合わせたのは1996年のアトランタオリンピック、2005年のワールドシリーズ以来のこと。どちらも選手として参加していたため大会そのものを楽しむ余裕はなかったので、球場が一体となって沸くような盛り上がりを肌で感じられたこと、まるでドラマかと思わせる侍ジャパンの劇的勝利の瞬間をこの目に焼き付けられたことは、何ものにも代え難い貴重な経験となりました。

野球評論家として増やす新たな引き出し

シーズンが始まってからは、メジャーリーグやプロ野球の試合を解説したり、スポーツ情報番組にレギュラー出演したり、最近はすっかりスーツ姿が定番となっています。ユニホームを脱いだ当初こそ、手持ち無沙汰《ぶさた》な感じがしましたが、今は少し俯瞰《ふかん》した立ち位置からいろいろなスタイルの野球を観ることが本当に楽しい。取材をしながら「もっとこう

第５回WBCでは侍ジャパンの劇的勝利を現地で取材した

いう風にできたら良かったんじゃないか」「あの球団はこんないい取り組みをしているのか」など考えさせられることも多く、野球人として今までとは違った引き出しを増やす機会になっています。

また、12球団すべての本拠地球場で試合をしたことはありますが、球場のスタンドやコンコース、放送席や記者席などの舞台裏は、僕にとっては未踏の場所。グラウンドでのプレーが見やすい球場もあれば、こんな高い位置から解説していたのかと驚く球場も。百聞は一見にしかず、ではありませんが、自分が経験して初めて気付くことの多さに驚かされます。

僕は野球評論家にもまた、野球ファンを増やすという使命があると考えています。監督や選手として試合に直接関わる立場ではなくなっても、野球を盛り上げる方法は無限にあると思うのです。例えば評論家であれば、試合中のどの場面にポイントを置けば、観る人により深く野球の楽しさを感じてもらえるか。野球をあまりよく知らない人でも、分かりやすいように伝えるにはどうしたらいいか。僕たちが当たり前のように使っている「テイクバック」「トップを作る」「ボールを呼び込む」といった表現も、野球をよく知らない人には一体何の話だか分からないでしょう。観る人・聞く人に易しい説明をすることを頭に置きながら、僕なりの工夫をこらすように努めています。

解説をする時は、どうしても「なぜその事象が起きたのか」という結果論を語ることが多くなります。そこで、プレーが始まる前に「この場面はこういう作戦になるのではないでしょうか」「次の球がボールになるとヒットエンドランやバスターエンドランの確率が高まります」「この打者は初球から振ってくるタイプなのでバッテリーは警戒した方がいいですね」などと、起きる可能性があるプレーについて話をすることも増やしました。そうすると、観ている人は「本当にそうなるのかな」と興味を持って次のプレーを観るようになる。言った通りになれば「なるほど」と思ってもらえるでしょうし、違う展開になれば「なんでこうなったんだ？」と理由を知りたくなるでしょう。興味を持ってもらうこと。それが「好き」が深まる第一歩だと思うのです。

ベースボールを大きく変えた２０２３年のルール改定

野球とベースボール。同じスポーツを表す名前ながら、プロ野球とメジャーリーグ、両方の解説をしているとその違いを感じずにはいられません。そもそも、アメリカで実施されたルールやフォーマットの改定が、数年後に日本でも採用される流れが定着していますが、２０２３年にメジャーが実施した改定のインパクトは絶大で、日米で違うスポーツをしているのではないかという錯覚すら覚えたほどです。

ここで２０２３年にメジャーで実施された主なルール・フォーマットの改定をご紹介しましょう。

○ピッチクロックの導入

投手は走者なしの場面では15秒以内、走者ありの場合は20秒以内に投球しなくてはならない

打者が交代する場面では30秒以内

捕手はピッチクロックが残り9秒以下になる前に、ホームベース後方に下がらなくてはならない

打者は残り8秒以下になる前に、打席に入らなくてはならない

投手側の違反は1ボール、打者側の違反は1ストライクが宣告される

○牽制球《けんせいきゅう》制限
プレートから足を外す行為も含め、投手の牽制は1打席につき3回まで。3回目の牽制球で走者をアウトにしない限り、以降はボークを宣告される

○守備シフトの禁止
内野手は二塁ベースを中心とした左右に2人ずつ位置しなければならない
内野手は内野のダート部分に両足を置かなければならない
違反した場合は1ボールが宣告される

○ベースの拡大
一塁、二塁、三塁ベースの大きさが15インチ（約38センチメートル）四方から18インチ（約46センチメートル）四方に拡大

かつては「The Great American Pastime（アメリカの一大娯

楽)」と呼ばれ、国民的人気を誇った野球ですが、今ではアメリカンフットボールやバスケットボールなどの人気に押され、ファンと競技人口の減少が大きな課題となっています。そこで、メジャーリーグ機構が中心となり人気低下の原因を調査したところ、3時間を超える試合時間の長さが大きく関係することが分かりました。

メジャーリーグ機構のロブ・マンフレッド・コミッショナーは「時短」を急務の課題に掲げ、試合時間を長引かせる要因をさらに調査。その結果、投手によってまちまちな投球間隔、監督・コーチによるマウンド訪問、打者がたびたび打席を外す行為などを「無駄の省ける時間」とし、ピッチクロックを導入することで時短を図ることにしたのです。

また、ここ数年にわたり顕著となっていた「投高打低」の傾向を変え、より得点が入る試合を増やすために守備シフトを禁止したり、ベースを大きくしたりするなどルールを改定。エンターテインメント性を高めることで人気を回復できないか、試行錯誤を繰り返しています。そして、2023年シーズンを見る限り、新ルール導入の成果は十分に表れているのではないかと思います。

野球を未来へつなぐ勇気ある決断

２０２３年のオールスター戦開催時に行われたマンフレッド・コミッショナーの記者会見に先立ち、メディアに配布された資料があります。それによれば、２０２１年には９イニングの平均試合時間が史上最長となる３時間10分だったのに対し、２０２３年前半戦では２時間38分まで短縮されていたのです。およそ30分も短縮されたことには驚きしかありません。

また、データによれば、前半戦に行われた約６割の試合で、新たに導入されたピッチクロックに関わるルール違反があったものの、そのうち28％が１試合あたりの違反は一つ、19％が二つ、三つ以上あったのはわずか２％のみ。開幕から１００試合目までは平均で１試合あたり０・87個の違反があったものの、前半最後の１００試合では０・23個に減少していることから考えると、選手はプレーする中でピッチクロックに問題なく対応することができていたようです。

実際に僕が現地でオープン戦を視察した時は、まだルールに慣れていないため少しイライラした様子が見てとれる投手や、打席に入り忘れてしまう打者もいました。しかし、データが示す通り、シーズンが深まるにつれて定着し、全体的な印象として大きな混乱を招いているとは思えませんでした。

試合の時短にはルール改定だけではなく、ピッチコムの導入も大きく影響しているでしょう。投手と捕手のサイン交換を行うための電子機器で、従来の捕手から発信する指や体を使ったサイン交換では、ピッチクロックで定められた投球間隔に間に合わない心配を解消しました。ピッチコムはバッテリーの他にも最大3人の野手が着用でき、バッテリー間のやりとりを音声情報として受け取ることができます。目に見えないサイン交換ができるので、サイン盗み問題も解決できるという機器です。

ともすれば、野球の本質を変えかねないルール改定や新ルールの導入です。正式採用される前はもちろん、採用された後も異議を唱える声が上がり大いに議論されたと聞きますが、それでもアメリカでは野球というスポーツを未来へつなぐためにも、勇気ある変化を起こしているのです。いい伝統は引き継ぎながらも、時代に即した変化を厭《いと》わない柔軟な姿勢を持たなければ、時代遅れとなり取り残されてしまいます。

試合時間の短縮がもたらす様々な可能性

日本でも、早ければ２０２５年シーズンにもピッチクロックやピッチコムを導入したり、牽制ルールなどを改定したりする議論がなされるでしょう。アメリカのように時代に即した対応をするべきですし、常に世界基準は意識しておくべきです。なぜなら、これまでＷＢＣに代表される国際大会はメジャーリーグのルールに準じた形で開催されてきたからです。おそらく２０２６年に開催される第６回ＷＢＣでピッチクロックが導入される可能性は高いでしょう。ただでさえ、日本の投手陣は公式球に慣れるために時間を割かなければなりません。さらなる負担を強いることのないよう、世界基準に合わせたルール改定は必要です。

試合時間の長さは、日本でもまた、懸念点の一つとされてきました。実際、僕もプロ野球の試合解説を行う時に「長い」と感じることが多々あります。正直に言えば、選手や監督としてユニホームを着ていた時も、試合が終わるとその長さに憔悴《しょうすい》しきってしまうことがありました。監督でも疲れ果てるのですから、プレーしている選手たちにとって試合時間が短くなることはプラスでしかありません。体への負担が減ると同時に注意力が散漫になることもなく、怪我のリスクが軽減されるからです。

また、試合時間が短縮されれば、テレビの地上波にプロ野球中継が復活する可能性が生まれるのではないかとも考えています。試合が夕方6時から9時までの3時間に収まれば、テレビ局に放送しやすいコンテンツとして考えてもらえるでしょう。球場で観戦するファンにとっても予定が立てやすくなりますし、9時までに終われば子供たちも球場でナイター観戦しやすくなるのではないでしょうか。テレビであれ球場であれ、子供たちが野球を身近に感じる機会を増やす意味でも、試合時間の短縮は有効だと思うのです。

ちなみに、僕が経験した最も長い試合時間はホワイトソックス時代の6時間19分（延長19回）で、2006年7月9日の本拠地ボストン・レッドソックス戦でした。5－5の延長19回1死満塁の絶好機で僕は打席を迎え、カウント2－2からの5球目を強振。打球はレフト前へ抜けるサヨナラヒットとなりました。自分のバットで勝負が決まったこと以上に、試合が終わったことをうれしく思ったことを覚えています。最も多いイニング数はパドレス時代の22回（6時間16分）で、開幕まもない2008年4月17日の本拠地コロラド・ロッキーズ戦。この時は1－2で敗れ、徒労感しか残りませんでした。

反対に、最も短い試合時間はホワイトソックス時代の2005年4月16日の本拠地マリナーズ戦。この時は9回までプレーして、わずか1時間39分で試合が終わったのです。ホワイトソックスのエース左腕マーク・バーリーはテンポの良い投球が持ち味でしたが、この日はマリナーズ打線を寄せ付けずに3安打1失点の完投勝利。許した3安打はすべてイチローさんだったことも印象深く残っています。

両リーグでのDH制導入がもたらす効果

試合時間の短縮と同様に、セ・パ両リーグでの指名打者（DH）制導入や1リーグ制への移行といった話題も、これから議論が活性化するのではないかと考えています。この両者について、僕の意見をご紹介しましょう。

パ・リーグでは1975年から採用されているDH制を、セ・リーグでも採用すべきか否かという議論は今に始まったことではなく、長らく続いているものです。結論から言うと、僕は両リーグともにDH制とするべきだと考えています。打線のつながりを考えてみても、投手が怪我を負うリスクを考えてみても、DHを起用する方が断然合理的。もちろん、投手の中にも打席に立ちたい人はいるでしょうが、その場合は先発投手がDHを兼務できる「大谷ルール」を適用すればいいと思うのです。

メジャーでは2020年に新型コロナウイルス感染症の影響による特例措置として、ア・リーグとナ・リーグ両方でDH制が採用されました。翌年にナ・リーグはDHを使わずに投手も打席に立つ従来のルールへ戻りましたが、2022年から正式に両リーグでDH制を採用することが決定。採用後の2シーズンを見ても特に大きな混乱はなさそうですし、むしろ選手にとっては、投手も打者も、移籍先の選択肢が広がったように思います。DH専門の野手や打撃が苦手な投手でも問題なく、ナ・リーグの球団に移籍できるようになったからです。

日本でも将来的には両リーグでDH制が採用されることになると思います。この変化の波は避けて通れないでしょう。そうであれば、メジャーに近いタイミングで、日本も早めに変化した方がいいのではないでしょうか。

もし1リーグ制が導入されたら……

1リーグ制については、２００４年にオリックス・ブルーウェーブと大阪近鉄バファローズの合併に端を発するプロ野球再編構想の一部として浮上。実現することはありませんでしたが、今でも話題となるテーマです。僕はペナントレースをより興味深いものにしようというのであれば、1リーグ制でもいいのではないかと考えています。

現行の2リーグ制の場合、同じリーグ内の5チームとは25試合ずつ、交流戦では6チームと3試合ずつ対戦します。シーズン中に25回も対戦すると、日程と先発ローテーションの兼ね合いで同じ投手との対戦が繰り返される場合もありますし、やはり新鮮さは失われてしまいます。もちろん、対戦を繰り返すことによって生まれる駆け引きの妙もありますが、それ以上に既視感を強く覚えてしまう。観る人を飽きさせないためにも、1リーグ制として12球団が満遍なく対戦した方がより多くの名勝負が生まれると思うのです。

かつては一部球団に人気が偏りがちでしたが、球団の努力もあって今では12球団それぞれにファンがつき、どの球場にも多くの観客が集まります。交流戦の盛り上がりを見ても、

1リーグ制にすることに大きな障害はないように感じます。

また、2023年はセ・パ両リーグともに優勝チームは2位以下に10ゲーム以上の大差をつける結果となりました。こうした状況を考えると、少なくともCSの形式を見直す必要があるのかもしれない。1リーグ制にして上位6チームが出場する形式の方が、観る人にとってよりエキサイティングなCSとなる可能性も含めて、いろいろな選択肢を検討していけばいいのだと思います。


2024年からはプロ野球の二軍公式戦に新球団「くふうハヤテベンチャーズ静岡」とベースボール・チャレンジ(BC)リーグに加盟していた「オイシックス新潟アルビレックス・ベースボール・クラブ(BC)」が新規参入することになりました。一軍は12球団のままですが、これで二軍は14球団へ拡大。球団の数が増えるのは65年ぶりのことだそうです。現在一軍も二軍も拠点を置かない静岡と新潟が本拠地ということで、野球人気の裾《すそ》野《の》拡大に一役買ってくれるのではないかと期待しています。

今では三軍や四軍まで持つチームがありますが数が少ないのでリーグ戦は組めず、独立リーグや社会人、大学チームと練習試合や交流戦という形をとって試合を行っています。

エスコンフィールドは野球場の可能性を広げる魅力的な空間

そこで、例えば二軍とは別にプロ1、2年目の若手育成を目的としたチームを作り、春季キャンプの開催地でもある沖縄を舞台にした全12球団が参加するリーグ戦を開催すると、移動の負担を最小限に抑えつつ、継続的な地域貢献も図れるかもしれません。

野球をより魅力あるスポーツとするために

地域貢献という観点に立つと、2023年3月に開場したエスコンフィールドHOKKAIDOがこれからの球場の在り方を示しているように感じます。日本ハムの新たな本拠地は、球場にホテルやショップ、レストラン、マンションなどが隣接する「北海道ボールパークFビレッジ」と呼ばれる大型複合施設。野球の試合がない時でも人が集まって賑《にぎ》わうような、地域の日常に溶け込む場所を目指したボールパークは、これまで日本にはない形でした。

メジャーではこうした複合施設となっているボールパークが多く、トロント・ブルージェイズの本拠地ロジャース・センターは開閉式のドーム球場ですが、ホテルと合体した非常に珍しい造りになっています。外野スタンドの一部が客室となっていて、ホテルの宿泊客は自室から試合を観戦できるのです。

ご存じの通り、ロッテの本拠地ZOZOマリンスタジアムは老朽化が進み、たびたび建て替えの話が出ています。そこでロジャース・センターのように外野でロッテホテルと合体する球場を作ったら面白いと思い、球団に提案をしていたのですが、残念ながら採用には至りませんでした。

アメリカと同様に、日本球界は今、過渡期を迎えています。プロ野球界で発生している新たな動きに合わせ、新ルールの導入や改善についても柔軟に対応していくことを期待しています。プロが先導しなければ、アマチュアはもちろん育成年代まで世界に後れをとることになりかねません。野球をより魅力あるスポーツとして未来につなぐためにも、変化を恐れず、挑戦し続けていきたいものです。

メジャーを目指す後輩たちへのアドバイス

１９９５年に野茂英雄さんがドジャースに移籍して以来、数多くの日本人選手が海を渡り、メジャーに新天地を求めてきました。野茂さんの移籍から30年目を迎える２０２４年も、３年連続で沢村賞に輝き、押しも押されもせぬ日本のエースとなった山本由伸投手、第５回ＷＢＣ優勝メンバーでもある左腕・今永昇太投手らが、アメリカで新たな一歩を踏み出します。

僕もまたメジャーで４シーズンを過ごしました。先にも触れた通り、移籍1年目で世界一の歓喜を味わった他、突如トレードを言い渡されたり、控えに回ったり、戦力外となったり、日本にいれば経験しなかったであろう悔しさを知った期間でもありました。ですが、メジャー移籍したことに後悔はありませんし、むしろ自分の世界に幅と深みを与えてくれた貴重な時間になったと感謝しています。

よく「経験者として、メジャーを目指す後輩たちにアドバイスをください」と言われることがありますが、僕からのアドバイスは一つ。環境が許すのであれば、自分が掲げた夢や目標に挑戦してください。人生は一度きりですし、他の誰でもない自分のものです。後悔のない選択をしてほしいと思います。ただし、生半可な世界ではありません。いいことも悪いことも、うれしいことも悔しいことも、すべて貴重な経験として受け入れる覚悟は忘れずに持ちましょう。野球選手としてはもちろん人としても、失敗を恐れていては成長はできません。

世界王者となった日本がアジアで果たすべき役割

日本でキャリアを積んでからメジャーを目指す形が定着しつつありますが、東京オリンピック、そしてWBCという二大イベントで頂点に立った今、日本は次のフェーズに進む段階にあるのではないかという思いも抱いています。次のフェーズとは、日本がリーダーとなりアジア圏で野球の底上げを図る役割・責任です。

誤解を恐れずに言えば、日本球界は今、選手だけではなく指導者もアナリストもフロントオフィスも、そのほとんどがアメリカに目を向けている状態です。確かにメジャーは世界最高峰のリーグですし、技術、トレーニング方法、組織としての在り方など、様々な点において学ぶべきことに溢《あふ》れています。僕も多くのことを学び、参考にしてきましたが、今度はその学びを日本国内に還元するだけではなく、広くアジアや世界に還元する段階にあると思うのです。

アジアには、すでに野球が文化として根付いている韓国や台湾《たいわん》の他にも、競技人口が急速に増え続けている中国、育成年代では野球が広まりつつあるフィリピン、タイ、インドネシア、パキスタンのような国が多数あります。アジア圏における野球の存在感をもう一段階引き上げ、多くの人に愛されるスポーツにすることは、世界王者でもある日本に与えられた使命ではないかと思うのです。

フィリピンやタイ、インドネシア、パキスタンといった国々では、以前から青年海外協力隊や野球経験を持つ有志の日本人が子供たちに野球の楽しさを伝える活動を続けてきました。しかし、道具が高価なために入手が困難だったり、年齢が上がるにつれて野球をする環境が見つからなくなったり、なかなか根付かなかったのが実情です。こういった普及活動を個人の好意に委《ゆだ》ねるのではなく、日本球界が責任を持ってしっかりサポートする体制を整えることが大事。日本が音頭を取って、韓国や台湾と協力しながらアジア圏での普及プランを立てるのもいいでしょう。

メジャーが進めるヨーロッパでの野球普及

アイディアが次々と湧き、アジア圏での野球普及を目指すビジョンが自分の中で形作られていっています。例えば、サッカーのようにアジア各国リーグの優勝チームが参加するアジア王者決定トーナメントを開催するのもいいでしょうし、日本のプロ野球チームがフィリピンやタイ、インドなどを舞台にエキシビションゲームを開催するのもいいでしょう。アジアにはまだまだ野球を観たことがない人たちがたくさんいます。ルールを知らない人でも球場で試合を観戦すれば、レベルの高いプレーに感動を覚える。野球はそんな魅力に溢れたスポーツだと思うのです。

世界最高峰リーグだと自負するメジャーでは、ヨーロッパにおける野球の認知拡大を図るため、2019年からロンドンで公式戦を開催しています。2023年にはシカゴ・カブスとセントルイス・カージナルスが2試合を戦い、両日ともにおよそ5万5000人の観客が集まりました。

もちろん、ロンドンに野球場はありません。２０１２年のロンドンオリンピックでメイン会場となったロンドンスタジアムを野球仕様に改造し、試合に備えました。２０２４年には再びロンドンで、２０２５年には舞台をパリに移して公式戦を開催することが決定しているそうです。

アメリカが「野球の母国」である責任を持って、ヨーロッパやメキシコ、韓国や日本で公式戦を行い、野球の普及活動に励んでいるのだから、日本もアジア圏で野球を広めていく使命があると思うのです。アジア圏での野球人口が増え、北中米に対抗できるレベルまで達したら、これほど夢のある話はないでしょう。

僕はやはり、最終的に野球はオリンピック競技に戻るべきだと考えていますし、そのためには世界的に楽しまれるスポーツでなければなりません。世界一となったことに満足するのではなく、野球がさらに発展するために世界王者が果たすべき責任とは何かを考え、行動に移していくことが日本球界の進むべき道だと思うのです。

第６章

１００年先も野球が愛されるように

未来へのビジョン②

IGUCHI VISION

「ビジョン」の軸となる思い

「未来に向けて、どんなビジョンを描いていますか？」

２０２２年10月に監督を退任してから、皆さんによく聞かれる質問です。ビジョンを描く際、僕の中で揺るがない軸となっているものがあります。それは「野球を次世代につなぐ」という思いです。

物心ついた頃から、野球は僕にとって生活の一部であり、欠かせない存在となっています。好きで始めた野球はいつしか職業となり、さらに選手から監督、評論家へと立場が変わりました。野球との向き合い方やそれを取り巻く環境は変化してきましたが、社会性やチームワーク、人を思いやる心や負けたくない気持ち、試合に向けた準備の重要性など、野球を通じて人として大切なことを学びました。

世界がコロナ禍にあった時は、野球をはじめスポーツは人々の生活に「不要不急」のものと見なされることもありました。確かにそうなのかもしれませんが、２０２３年の第５

回WBCで日本が3大会ぶりの優勝を飾った時、日本で巻き起こった熱狂を思い出してみてください。スポーツの中でも特に野球は日本人の心を摑む魅力を持ち、日本中が一体となって盛り上がれる国民的スポーツなのです。侍ジャパンの試合を観ながら大いに喜び大いに憂えるファンの姿を見て、確かに野球は不要不急かもしれないけれど、生活に彩りと潤いを与える重要な役割を担っているのではないか、と感じ入りました。

時代とともに失われた「野球ができる場所」

先人たちから受け取った野球のバトンを、今度は僕たちがしっかりと次の世代につなぎたい。そう思うからこそ、野球の競技人口が減っていると言われることに対し、僕はすごく強い抵抗感を覚えます。そう言われないためにも、まずは子供たちが野球を身近に感じられる環境、思い切って野球を楽しめる環境を整えていきたいと考えています。いくら子供たちの野球離れを食い止めよう、競技人口を増やそうと言っても、環境が整っていなければ問題は解決しません。

振り返ってみると、僕が小学生だった1980年代は大らかな時代でした。僕が生まれ育った田無《たなし》市（現・西東京市）にはまだ野球をして遊べる空き地が点在していましたし、もちろん公園で野球をすることができました。僕らがいつも遊んでいたのは、近所にあった遊水池。「今日はあそこに集合しよう！」と下校途中に友達と約束し、家にランドセルを置くや否や、カラーバットとボールを持って遊びに出掛けたことを覚えています。すぐ手の届く範囲に野球がある毎日でした。大きな声で盛り上がっても注意されることはなかったし、元気に遊ぶ子供たちを地域の大人たちが温かい目で見守ってくれていたように思います。

昭和から平成、令和へと元号が変わり、街から次々と空き地が消えて住宅が建ち並ぶようになると、いつしか公園でキャッチボールをすることさえも禁止されるようになってしまいました。自分の生活圏内に野球をして遊ぶことのできる公園やグラウンドがなければ、子供たちが野球から離れていくのは当然でしょう。子供の野球離れを食い止めたいなら、まずは野球をできる場所を整えることが第一歩になるはずです。

すでに野球チームに所属している子供たちも、ボールを使って自主練習をする場所が見つからずに困っていると聞きます。最近ではチームの練習以外にアカデミーやスクールに通う子供たちが増えているようですが、スキルアップや体力強化という目的があるものの、その裏にはボールを使った練習ができる場所を確保したいという切実な思いもあるようです。

行政との協力から見出す活路

公園でボール遊びが禁じられている自治体が多い中、東京近郊で言えば、埼玉県吉川《よしかわ》市ではボール遊びができる公園があり、野球に限らず、バレーボール、バスケットボール、サッカーなど球技全般を楽しむ子供が多いそうです。吉川市の公園では、野球のキャッチボールをしている子供たちの横で、別のグループの子供たちがバレーボールの練習をしていることもあるそうですが、それぞれが安全に配慮しながら練習をしているので、特に大きな問題もなく活動できているようです。

面白いと思ったのは、公園でボール遊びが禁じられている近隣の地域に住む子供たちの中には、その地域のチームに入るのではなく、伸び伸びと練習できる吉川市にあるチームまで通う子供もいるということ。やはり子供たちには伸び伸びと体を動かしてほしいと願う保護者が多いということでしょう。ボール遊び禁止というルールは大人が作ったもの。

野球が好きな子が１人でも増えるように取り組んでいく

それぞれの公園や地域で事情はあるでしょうが、一律に禁止してしまうのではなく、子供の未来を思いながら妥協点を探っていくのも大人の役割でしょう。

吉川市の例を考えると、行政と協力しながら環境を整えていくのも一つの方法です。公園で安全にボール遊びをするためのルールを考えてみたり、小学校や中学校のグラウンドをボール遊びのために開放する時間を設けたり。どの自治体にも必ず、使われなくなったまま放置されているスペースは一つや二つあるものですし、少子化の影響で統廃合される小中学校も多いと聞きます。僕も野球教室や講演活動などで訪問する自治体に働き掛けながら、野球ができる場所、ボール遊びができる環境を整える活動に取り組み続けたいと思います。

プロ野球界が提供したい野球を好きになるきっかけ

野球ができる環境を提供するという点では、プロ野球界の積極的な関わりにも期待したいところです。ナイターであれば試合前、デーゲームであれば試合後など、親子でキャッチボールを楽しめるように球場を開放する球団が増えてきました。

ロッテでは社会貢献活動の一環として「マリーンズ・キッズボールパーク」と題し、未就学児から小学6年生までを対象としたボール遊びイベントを開催しています。2022年にはシーズン中に7日間開催されましたが、個人的にはもっと回数を増やしてもいいのではないかと感じています。子供たちにとってプロ野球選手と同じグラウンドに立てることだけでも特別な体験になるでしょう。そういった特別だったりうれしかったり、心に残る体験を積み重ねることで、野球への愛着は増していくのだろうと思います。

僕が監督2年目だった2019年には、ZOZOマリンスタジアムの外周スペースに子供たちがキャッチボールを楽しめる「マリンひろば」がオープンしました。球場と同じ人工芝が使用されているフィールドですが、低学年までの子供たちが遊ぶにはちょうどいい大きさ。本音を言えば、高学年の子供たちも遠慮せずにキャッチボールできるようなスペースをもう一つ作ってあげられればなお良かったでしょう。

ただ、こうした小さな努力の積み重ねが、子供たちが野球と触れ合う機会を生み、野球をもっと好きになるきっかけにもなります。プロ野球12球団、あるいは日本プロ野球選手会、日本プロ野球OBクラブなどが率先して、野球がすぐそこにある日常が生まれるよう取り組みを続ければ、きっと野球の魅力は子供たちの心にも伝わるでしょう。

野球の普及を妨げる道具の問題

野球を次世代につなぐために、広く協力を呼びかけたいことがもう一つあります。

それが道具の問題です。

サッカーが世界中に広まった要因の一つは、ボール一つでプレーできる手軽さにあると言われています。正式なサッカーボールではなくても、足で蹴《け》ることのできるボールがあれば一人でもリフティングができたり、ドリブルができたり、シュートだってできる。何人か集まればパスを回すことができるし、簡単なゲームもできるでしょう。手軽で安価に楽しめるスポーツだというハードルの低さが、国の貧富の差にかかわらず、等しく世界中で発展する要因となったというわけです。

その一方、野球は道具がなければできません。公園で遊ぶレベルでもバットとボールは必要不可欠。競技としてしっかりプレーするのであれば、それに加えてグラブが必要になるでしょう。道具を手に入れなければならない手間とコストが、サッカーとは違い、野球がなかなか世界に広がらなかった理由でもあります。だから、日本球界でも使わなくなった道具を回収し、海外で必要とする国や地域に寄付する活動を継続してきました。

しかし、同じ問題は日本国内でも起きているのです。子供が野球に興味を持ったとしても、家庭の経済的な理由から高価な道具を準備できなかったり、保護者が難色を示したりする例は決して珍しくなく、結局のところ野球ではなく別のスポーツを選ぶことになってしまいます。確かに、小学生の軟式用グラブでも1万円、硬式用であれば3万円前後が相場。バットを買うとなれば、さらに1万円以上が上乗せされることになります。これがスターラインとなるので、性能がよく高価な道具となれば、驚くような出費になってしまいます。家計への負担を考えると、保護者が二の足を踏むのも不思議ではないでしょう。

大谷翔平が全国の小学校にプレゼントした６万個のグラブ

２０２３年11月、子供たちが憧《あこが》れる二刀流スター・大谷翔平（ドジャース）が、日本全国に約２万ある全小学校にジュニア用のグラブを３個ずつ、合計約６万個を寄贈しました。右利き用２個、左利き用１個という配慮もされたサプライズでしたが、子供たちは大喜びだったそうです。こういった活動は、現役のプロ野球選手やＯＢにとって素晴らしい参考例となりました。例えば、日本にある全小学校ではなくても、出身小学校や地域などに道具を寄付することもできるでしょうし、出身チームへの入団を決めた子供に初めての道具をプレゼントするサポート制度を作ってもいいかもしれません。

また、企業の場合、これまでは大会スポンサーとなって大会運営費などを負担する形で、子供たちが野球を楽しむ環境をサポートすることが多かったと思います。しかし、大会スポンサーとして他企業と一緒に名前を並べるのではなく、本社を置く地域にあるチームにそれぞれ足りない道具を寄付したり、野球未経験の子供たちが参加するイベントで道具の割引購入券を配布したり、新たな形でのサポートに取り組むことで他の企業との差別化を図ることもできるのではないでしょうか。

僕自身も実際にはどのような取り組みができるのか、まだまだ考えていかなければなりません。それでも、まずは野球の現状と自分の考えを広く伝えることで、思いを共有する仲間を増やしていくことが大切です。1人の力では不可能なことでも、2人、3人……と集まれば、何か大きなことを成し遂げられるものです。

子供たちに伝えたい溢れる情報の活用法

監督を退いた後の2023年には、学生野球資格回復制度を利用して日本国内の高校や大学で指導ができるようになりました。2024年1月に静岡県内の高校へ指導に出掛けましたが、僕にとって非常に新鮮な経験となりました。これまで数多くの野球教室に講師として参加してきましたが、そのほとんどが小学生または中学生が対象で、参加者はまだあどけなさの残る子供たちでした。

それが高校生になると体格も表情も、そしてプレーもグッと大人になります。選手自身もプレーへの理解が深まるので、一番の伸び盛りとも言える時期。アドバイスをまるでスポンジのように吸収していくので、指導する僕もワクワクする感覚になりました。

動画サイトやＳＮＳが普及したことで、今は誰もが情報を発信したり、受け取ったりすることができるようになりました。それだけにインターネット上には無数の野球理論やトレーニング理論などが存在します。世の中に情報が満ち溢《あふ》れることは決してマイナスなことではありません。選択肢が豊富にあることは、選択肢がないことよりも圧倒的にポジティブな状況です。大切なのは、豊富にある選択肢の中からどれが自分に合っているものか見極めること。これに尽きるでしょう。

先にも述べましたが、僕はダイエーに入団してからの数年間、思ったような打撃成績が残せなかったり、自分の打撃スタイルが確立できなかったり、頭を悩ませる日々を送っていました。しかし、金森栄治さんと出会ったことで捕手寄りの位置でボールを捉《とら》える打撃を身につけ、壁を突き破ったのです。

ただし、金森さんの打撃理論が誰にでも当てはまるかというと、そうではありません。僕は元々、バットでボールを捉えるポイントが捕手寄りだったので、金森さんのアドバイスを受けて視界が開けただけ。例えば、もし松井秀喜が金森さんの指導を受けても同じような効果は生まれなかったでしょう。どれが正解、どれが間違い、ということではありません。自分に合っているかどうか。そこが大切なのです。

少し前に流行《はや》ったフライボール革命についても同じことが言えるでしょう。打球速度が時速158キロ以上、打球角度が26〜30度で上がった打球が最もヒットやホームランになりやすいとされ、バレルゾーンという言葉もよく耳にしました。でも、この理論もすべての人に当てはまるわけではありません。合う人もいれば合わない人もいるのです。

自分に何が合うのかを見極めるには、まずは自分をよく知ること。そして、いろいろな選択肢を試してみるということ。新しいことに挑戦する勇気、合わないと思ったら流行に引きずられずに捨てる勇気。この二つを持って、いろいろと試行錯誤してみるといいと思います。失敗することを恐れないでください。試行錯誤した時間は、必ず財産となるはずです。

高校生や大学生、あるいは小中学生には、野球の技術そのものよりも、こういった考え方を伝えていきたいと思います。

次のステップを踏み出すのはいつ？

野球評論家として2年目を迎えましたが、新たな発見に溢れる毎日を過ごしています。同じ野球を見ているのに、立場が変わると見える景色はこんなにも変わるものかという驚きの連続。ユニホームを着ている人にしか見えない世界もありますが、ユニホームを脱いだからこそ見えることもたくさんあることに気が付きました。

そんな僕の発見や驚き、そしてこれまで積み重ねてきた経験や知識を、テレビや新聞、ウェブサイトなどメディアを通じてしっかり伝えることができるようになりたい。メディアの世界ではまだ新参者です。せっかく縁あって飛び込んだ世界ですから、中途半端な形で終わらせたくはありません。野球と同じく、求められる存在でありたいと思います。そのためには、これまでの経験を大切にしながらも頼り過ぎず、学び続けることが大切です。そもそも人前に出ることが苦手だと自覚しているからこそ、メディアを通じて発信し続けることに挑戦したいと思います。

もちろん、もう一度ユニホームを着る機会があれば監督やコーチとして優勝を経験したいと思いますし、GMをはじめフロントオフィスの一員として球団に入ってみたい思いもあります。ただ、どちらも自分がなりたいからといって就けるポジションではありません。求められる人材でなければ、チャンスは回ってこないのです。チームを託してみたいと思われる野球人であるためにも、野球評論家として活動する今は、僕自身の知見を広める勉強の期間だと考えています。次のステップを踏み出すのは、あと2、3年後のことでしょうか。

実現させたいアメリカでのコーチ修業

プロ野球もメジャーも、これだけ広く野球を観ることができるのは初めてです。当たり前ではありますが、野球にはセオリーこそあれど、どんなプレーをするかは十人十色。まったく同じ状況は二度と生まれませんし、監督の数だけ、選手の数だけ、選択肢は広がるのです。監督をしていた時は「どうしてあの采配《さいはい》になったんだろう?」「どんな意図を持って仕掛けたプレーだったのか?」と疑問に思っても、対戦チームの監督や選手に聞きに行くことはできませんでした。結局、答えは分からないままになることが多かったですが、

2023年はワールドシリーズ全５試合を現地で解説。コーチ修業も実現したい

評論家である今は何のためらいもなく質問できます。すぐに疑問を解決できるので、いろいろなスタイルの野球に対する理解を深めることができています。

野球人としての引き出しを増やすという意味では、タイミングが合えばメジャーやマイナーでのコーチ修業は実現させたいところです。先にも触れた通り、現役を引退した直後、ホワイトソックスのオーナーから「コーチ修業をしたいなら、いつでもいらっしゃい」と有難い言葉をいただきました。アメリカと日本の指導は何が違うのか、やはり自分の目で確かめてみたいのです。

青山学院大学の同期で、ダイエーではチームメートだった倉野信次が２０２２年から２

年にわたり、テキサス・レンジャーズで指導者としてのキャリアを積んだことにも刺激を受けています。2023年3月にアリゾナへキャンプ取材に行った時も会いましたが、非常に有意義な時間を過ごしているようでした。日本でも投手コーチとして千賀《せんが》滉大《こうだい》（メッツ）らを育てた手腕は高く評価されていましたが、メジャーの現場を経験したことで指導者としての引き出しはかなり増えたようです。2024年からは再びソフトバンクに戻りますが、チームにどんな経験や知識を還元するのか、楽しみでもあります。

100年先の未来でも野球が愛されるように

機会があればメジャー球団でも監督をやってみたいですし、いつの日か侍ジャパンで指揮を執ることにも興味を惹かれます。さらに言えば、プロ野球のコミッショナーとなり、アマチュア球界も巻き込みながら、日本球界を変える大きなうねりを生み出してみたい思いもあります。

プロもアマチュアも、日本球界は今、大きな変化に向けて動き始めているように感じます。これまで「野球は国技だ」「長年培ってきた伝統がある」と守ってきたスタイルは、

１００年先の未来でも野球が広く愛されるスポーツであることを願いながら、恐れずに変えていきましょう。

昔は昔、今は今、そして未来は未来。今、日本球界に必要な変化を加えたとしても、これまで紡がれてきた野球の歴史は変わりませんし、先人たちの功績も色褪《いろあ》せることはありません。「野球を次世代につなぐ」ためのビジョンを多くの人と共有しながら、未来に向かって歩み続けていきたいと思います。

おわりに

監督を退任してから、会う人によく「こんなに笑う人だとは思いませんでした」と言われることがあります。そう声を掛けられるたびに、思わず「監督をしていた5年間はよほど厳しい顔をしていたんだろうな」と苦笑いが浮かんできます。

就任3年目の2020年に新型コロナウイルス感染症が世界中で猛威を振るったこともあり、在任中はほとんどの期間でマスクを着用していました。そのために表情が読み取りづらく、笑わない印象を与えたのかもしれません。

とは言うものの、確かにユニホームを脱いでから嫌な夢にうなされて夜中に突然飛び起きることがなくなり、ぐっすり眠れるようになったのも事実です。文字通り1日中野球について考えていましたし、常に悩んでいるような晴れない思いが心の中にくすぶっていました。病は気から、とは言いますが、そういった胸の内が表情に出ていたのかもしれません。

ただ、監督として過ごした日々は、決してしんどいものではなかったのです。むしろ、楽しかった日々として記憶に刻まれています。それは僕が今より若かったからかもしれませんが、何よりも選手一人一人が勝利にこだわる姿勢を身につけてくれましたし、チームの成長が目に見える形で続いていたことが大きかったでしょう。

こうして改めて振り返ってみると、僕は國學院久我山高校を進学先に選んだ頃から、すでに出来上がっている場所やチームを目指すのではなく、自分次第で何かが生み出せる可能性を秘めた場所を選び続けているように思います。敷かれたレールの上を安全に移動するよりも、自分で目標を設定し、そこに到達するまでのビジョンを描いて実行する。その過程に大きな楽しみや喜びを感じるのです。

失敗や遠回りもあるかもしれないけれど、成功を目指して一つ一つ積み上げる時間は充実しています。これは野球に限らず、人生も同じことなのではないでしょうか。

何も考えずに日々を過ごすのではなく、たとえ大まかなものであったとしても、ビジョンを持ち、歩み続けることで人生は輝きを増すでしょう。この本を通じてご紹介した僕の歩みやビジョンの描き方が、読者の皆さんが彩りある毎日を過ごす上で参考になれば非常にうれしく思います。

ここから2年後、3年後、僕がどんなステップを踏むのか。次に踏み出す一歩によっては、今描いているビジョンにもまた変化が生まれるかもしれません。ただ、僕がこの先の未来に寄せる大きな期待は変わることはないでしょう。

2024年には50歳を迎えます。野球評論家としての勉強の時間を経て、井口資仁の未来がどのように形作られていくのか。ぜひ楽しみに見守っていただけたら幸いです。

2024年2月

井口　資仁

写真提供　産経新聞社、井口資仁
制作協力　株式会社パムズ

ブックデザイン　國枝達也
カバー撮影　矢島宏樹

本書は書き下ろしです。

井口資仁（いぐち　ただひと）
1974年12月４日、東京都生まれ。國學院久我山高校、青山学院大学を経て、1996年ドラフト１位で福岡ダイエーホークス入団。走攻守の三拍子がそろった選手として活躍。2001年、03年には盗塁王を獲得した。05年にMLBのシカゴ・ホワイトソックスへ移籍し、ワールドシリーズ制覇に貢献。フィラデルフィア・フィリーズ、サンディエゴ・パドレスを経て帰国すると、09年より千葉ロッテマリーンズでプレー。13年に日米通算2000本安打を達成。17年限りで現役を引退しロッテの監督に就任。22年限りで退任し、現在は野球評論家として活動中。

井口《いぐち》ビジョン

2024年３月21日　初版発行

著者／井口資仁《いぐちただひと》

構成／佐藤直子《さとうなおこ》（Creative2）

発行者／山下直久

発行／株式会社KADOKAWA
〒102-8177　東京都千代田区富士見2-13-3
電話　0570-002-301（ナビダイヤル）

印刷・製本／大日本印刷株式会社

●お問い合わせ
https://www.kadokawa.co.jp/（「お問い合わせ」へお進みください）
※内容によっては、お答えできない場合があります。
※サポートは日本国内のみとさせていただきます。
※Japanese text only

定価はカバーに表示してあります。

ISBN 978-4-04-114305-6　C0075